AF569729

KONZENTRATIONSTRAINING

FÜR KINDER

Das geniale Lernprogramm zur Förderung der Konzentration und Aufmerksamkeit - Mit spaßigen Lerntechniken ganz einfach Lernblockaden lösen

INHALT

Konzentrationsübungen für unterwegs oder im Auto

1. Ich packe meinen Koffer
2. Erde, Luft und Wasser
3. Endlos-Geschichte
4. Wörterkette
5. Liegende Acht als Fingerübung
6. Balancieren
7. Phantasiegeschichte
8. Wörter zählen

Bewegungsspiele für die Konzentration – Für drinnen und zu Fuß unterwegs

1. Schritte zählen
2. Rhythmus und Motorik
3. Fingerspiele
4. Gegenstände balancieren
5. Null und Acht
6. Steine und Zwischenräume
7. Sinne schärfen

Konzentrationsübungen in der Schule

Übung 1 – Augenyoga

Übung 2 – Bildergeschichte

Übung 3 – Schritte zählen

Übung 4 – Marschieren im Takt

Kurze Konzentrationsübungen für verschieden Altersstufen für Schule und zu Hause

Die folgenden Übungen sind für Schüler ab der **1. Klasse** geeignet:

1. Welchen Buchstaben suche ich?
2. Roboter

3. Vor und zurück

4. Ich sehe was, was du nicht siehst

Die folgenden Übungen sind für Schüler ab der **2. Klasse** geeignet:

1. Zuordnen

2. Spiegelbilder

Die folgenden Übungen sind für Schüler ab der **3. Klasse** geeignet:

1. Fingerübung

2. Stille Atemübung

Entspannung und Meditation für Kinder

1. Meditationsübung - Blumenwiese

2. Meditationsübung – Energie einatmen

3. Meditationsübung – Der Blinde und der Sehende

4. Meditationsübung – Kreis der Ruhe

5. Meditationsübung – Über Wasser gehen

Entspannung durch Progressive Muskelentspannung nach Edmund Jacobson

Geschichten zur Progressiven Muskelentspannung nach Jacobson

1. „In der Bäckerei"

2. Das Drachenkind ‚Darko'

Weitere Entspannungsübungen

Yoga und Pilates mit Kindern

Kinder-Yoga-Übungen

Der Frosch

Der Gorilla

Die Heuschrecke

Der Hase

Blubber, der Fisch

Die Katze

Einleitung

„Conny, Sebastian, kommt ihr bitte, das Abendessen ist fertig." ruft Mutter Sabine nach oben ins Kinderzimmer. Von oben kommt jedoch keine Reaktion. Sabine ruft noch einmal: „Hey ihr beiden, das Essen ist fertig, kommt ihr?" Doch wieder keine Reaktion. Die Mutter stapft nach oben, um zu schauen, was da los ist. Sie findet beide Kinder, mit Bauklötzchen spielend, auf dem Boden vor. „Hey, wo bleibt ihr denn? Ich habe euch schon mehrmals gerufen." sagt Sabine. „Wir haben gar nichts gehört." antworten die beiden Kinder.

Ähnliche Situationen kennen Sie vielleicht auch, wenn Ihr Kind ein Hörspiel hört oder einen Film schaut. Das Kind ist so in die Sache oder das Spiel vertieft, dass es gar nichts um sich herum mitbekommt und auch die Rufe der Mutter nicht registriert. Das Kind ist in dieser Situation sehr konzentriert und widmet sich und seine Gedanken nur dieser einen Sache, so dass drum herum alles ausgeblendet wird. Ein typisches Beispiel für Konzentration.

Anders herum kann es aber auch sein, dass Sie Ihr Kind dabei beobachten, wie es gefühlt eine Ewigkeit für seine Hausaufgaben braucht. Und immer, wenn Sie im Kinderzimmer nach dem Kind schauen, sitzt es auf dem Boden und spielt, schaut verträumt aus dem Fenster oder malt auf der Schreibtischunterlage herum. Es lässt sich scheinbar von allem möglichen ablenken und konzentriert sich nicht richtig auf die Hausaufgaben.

Viele Eltern machen sich Gedanken, ob ihr Kind im Grundschulalter vielleicht unter einer Konzentrationsstörung leidet, doch eines vorweg: es gibt kaum ein Kind, was es überhaupt nicht schafft, sich auf etwas zu konzentrieren. Viel mehr hängt das Maß an Konzentration von den Umständen ab und davon, ob dem Kind etwas Spaß macht oder nicht. Beobachten Sie Ihr Kind doch einmal, wann es sich besonders gut konzentrieren kann, zum

Beispiel bei seinem Lieblingsspiel oder beim Musikhören. Sie werden im Gegenzug erkennen, dass es sich bei der Verrichtung der Hausaufgaben für ein unliebsames Schulfach vermutlich viel weniger konzentriert und sich häufig ablenken lässt.

Was ist Konzentration überhaupt?

Der Begriff „Konzentration“ lässt sich eigentlich ziemlich einfach erklären: Es ist die Fähigkeit unsere Gedanken zu bündeln und auf eine einzige bestimmte Sache oder Aufgabe zu lenken und zu fokussieren. Dabei wird die gesamte Aufmerksamkeit auf bestimmte Tätigkeiten, Reize, Gegenstände oder auch Personen gelenkt. Allerdings ist die Konzentration keine Fähigkeit, die einfach so zu jeder Zeit und immer abrufbar ist. Sie ist von vielen verschiedenen Faktoren und Umständen abhängig. Während bei manchen Kindern die Konzentration von der jeweiligen Sache oder Situation abhängt, so wird sie bei anderen Kindern durch eine bestimmte Laune beeinflusst und ist tagesabhängig. Es kommt auch darauf an, um welches Thema es sich bei der zu verrichtenden Sache handelt. Wenn ein Kind etwas gerne tut und Spaß an einer Sache hat, kann es sich besser darauf konzentrieren als auf Dinge, die es nicht so gerne tut und die vielleicht unangenehm sind. Manche Kinder können in Windeseile einen langen Text schreiben und träumen bei den Mathematikhausaufgaben herum, bei anderen Kindern ist es vielleicht genau umgekehrt.

Die Fähigkeit, sich auf eine bestimmte Sache zu konzentrieren und die Aufmerksamkeit darauf zu richten, unterliegt also verschiedenen Umständen und Bedingungen. Sie hängt ab von

- **der jeweiligen Sache,** um die es sich handelt, und davon, ob die jeweilige Sache interessant ist oder eher eine mühselige Pflicht, die vielleicht auch noch langweilig ist
- **der aktuellen Laune und Stimmung** des Kindes. Vielleicht hat es Sorgen, Ängste oder es bedrückt etwas. Vielleicht fühlt es sich heute unwohl

oder hat vielleicht einfach keinen guten Tag.

- **von der Umgebung** und was um das Kind herum geschieht. Vielleicht ist das Umfeld viel interessanter oder spannender, sodass es sich ablenken lässt.
- **vom Können** des Kindes und davon, ob ihm die jeweilige Aufgabe oder Arbeit Spaß macht, ob es die Aufgabe meistern kann oder ob es dabei Schwierigkeiten hat und es vielleicht etwas Unangenehmes ist.

Die Konzentrationsleistung wird also nicht unbedingt von genetischen oder gar organischen Faktoren beeinflusst, es sind viel mehr Reize und Umstände sowohl von außen als auch von innen. Auch die körperliche Verfassung des Kindes spielt eine große Rolle für die Konzentrationsfähigkeit. Sind Kinder ausgeschlafen und fühlen sich erholt und fit, beeinflusst dies auch die Konzentration positiv und es fällt ihnen leichter, sich mit einer bestimmten Sache zu befassen. Sind sie müde und erschöpft oder fühlen sich überfordert und ausgelaugt, leidet darunter auch die Aufmerksamkeit.

In einer ruhigen Umgebung können Kinder sich ebenfalls besser konzentrieren als in einem Raum, in dem Unruhe und Lärm herrschen. Hier besteht ein wesentlicher Unterschied zu uns Erwachsenen. Während wir uns auch im Alltagsstress und bei Hektik gut konzentrieren können, wirken sich Einflüsse aus der Umgebung negativ auf die geistige Fähigkeit von Kindern aus.

Natürlich spielt auch der Spaßfaktor eine wesentliche Rolle. Auf Dinge, die Ihrem Kind Spaß machen, wird es seine Aufmerksamkeit leichter lenken können als auf etwas, was ihm keinen Spaß macht oder was es nicht mag.

Wenn Sie herausfinden möchten, welche Faktoren dazu führen, dass sich Ihr Kind leicht ablenken lässt, können Sie es zum Beispiel einmal bei den Hausaufgaben beobachten. Achten Sie darauf welche Faktoren dazu führen, dass es sich ablenken lässt. Gibt es überhaupt Faktoren oder ist es bei den Hausaufgaben allgemein leicht abzulenken? Oder lässt es sich vielleicht nur bei bestimmten Dingen ablenken, zum Beispiel wenn es mathematische Aufgaben lösen soll? Wenn Sie in solchen spezifischen

Situationen herausfinden wann, wobei und wodurch sich Ihr Kind ablenken lässt, ist dies auch zugleich der Schlüssel für die jeweilige Schwierigkeit bei der Konzentration. Vielleicht können Sie dann zum Beispiel äußere Umstände ändern oder anderweitige Hilfe leisten, damit es dem Kind leichter fällt, sich zu konzentrieren.

Übrigens: Ob ein Kind sich konzentrieren kann oder unter Konzentrationsproblemen leidet, hat nichts mit der Intelligenz des Kindes zu tun. Die Konzentrationsfähigkeit hängt nur sehr gering mit der geistigen Intelligenz zusammen. Es ist also nicht so, dass Kinder, die sich besser konzentrieren können, auch intelligenter sind als Kinder, die sich vielleicht nicht ganz so gut konzentrieren können.

Alter der Kinder und Dauer der Konzentrationsleistung

Eltern und auch Lehrer wissen, dass die Dauer der Konzentrationsleistung von Kindern nicht unendlich ist, sondern eher sehr begrenzt. Neben den bereits aufgeführten Umständen wie die Umgebung oder die körperliche Verfassung spielt auch das Alter eine bedeutende Rolle für die Dauer der Konzentrationsleistung von Kindern. Das Alter steht in direkter Abhängigkeit mit der Dauer, in der es ein Kind schafft, sich intensiv mit etwas zu befassen und seine Aufmerksamkeit nur darauf zu fokussieren. Es erfordert auch viel Energie, sich auf eine bestimmte Situation zu konzentrieren und diese ist nach einer gewissen Zeit einfach aufgebraucht.

Aus Untersuchungen weiß man, dass die Zeitspanne, in der sich Kinder intensiv konzentrieren können, sogar relativ gering ist, wie die folgende Tabelle zeigt:

Kinder im Alter	**Durchschnittliche Konzentrationsdauer**
von 5-7 Jahren	max. 15 Minuten
von 7-10 Jahren	max. 20 Minuten
von 10-12 Jahren	max. 25 Minuten
von 12-16 Jahren	circa 30 Minuten

Jetzt sind Sie vielleicht verwundern, denken vielleicht, das kann doch nicht sein. Vielleicht haben Sie den Eindruck, Ihr Kind kann stundenlang ununterbrochen mit Bausteinen oder Puppen spielen, bei den Schulaufgaben lässt die Konzentration allerdings schon nach wenigen Minuten nach und Ihr Kind ist erschöpft. Wie kann das sein? Im ersten Moment könnten Sie recht haben, bei genauerer Betrachtung ist es aber so, dass während des Spiels die Schwankungen der Konzentrationsleistung nur nicht auffallen. Sie werden quasi in den Spielablauf mit eingebaut, indem die Kinder vielleicht die Rollen tauschen, das Spiel ändern, neue Ideen mit ins Spiel einbringen oder ihren Gedanken dabei einfach freien Lauf lassen. Dadurch wird die Konzentrationsphase durch eine Erholungsphase unterbrochen um anschließend wieder genug geistige Kraft für eine erneute Konzentrationsphase zu haben.

Die Schulaufgaben allerdings sind eine andere, nicht ganz so freie Situation. Hierbei gibt es Vorgaben des Verlaufs, die von Eltern oder den Lehrern bestimmt werden.

Die Zeitspanne einer Schulunterrichtsstunde von 45 oder 90 Minuten ist auch eher der Konzentrationsleistung der Lehrer beziehungsweise Lehrerinnen angepasst, denn Erwachsene können sich ohne Probleme circa 90 Minuten intensiv konzentrieren. Junge Kinder hingegen nur circa 15 Minuten. Man muss die Fähigkeit des Kindes als einen Reifungsprozess sehen, genauso wie die Größe eines Kindes. Ein Kind ist wesentlich kleiner als ein Erwachsener und das ist normal. Genauso ist es auch mit der Konzentrationsleistung, die durch Spiel und Lernen in der Schule erst erlernt werden muss. Sie ist also nicht angeboren, lediglich eine Grundfähigkeit. Die Aufmerksamkeit auszurichten bringen Kinder mit auf die Welt, die Dauer und Stärke dieser Fähigkeit muss in einem langen Prozess erlernt werden.

Wie kann sich ein Kind am besten konzentrieren?

Wie lange und wie gut sich ein Kind konzentrieren kann, ist bei allen Kindern ganz unterschiedlich. Wie bereits erklärt, sind unter anderem die jeweilige Sache oder Situation und die äußeren Bedingungen im Umfeld ausschlaggebend. Doch um die Konzentrationsfähigkeit langfristig zu erwerben und aufzubauen ist es wie mit dem Autofahren. Man kann fahren, bis der Tank leer ist, dann muss zur Tankstelle gefahren werden, um das Auto wieder aufzutanken. Es ist also wichtig, dass sich Konzentrationsphasen und Erholungsphasen abwechseln. Konzentration erfordert viel Energie und geistige Kraft, die aufgebraucht wird.

Ist die Kraft zu Ende, muss eine Pause zur Erholung eingelegt werden, um dann wieder genügend Kraft für erneute Konzentration zu haben. Außerdem benötigt das Gehirn zum Konzentrieren Sauerstoff und Glucose als Treibstoff, sowie eine gute Versorgung mit Flüssigkeit. Stellen Sie Ihrem Kind genügend Mineralwasser zur Verfügung und lüften Sie den Raum, bevor das Kind zum Beispiel mit den Hausaufgaben beginnt. Glucose kann in Form von Obst oder Gemüse angeboten werden, nicht jedoch als Schokoriegel oder Süßigkeiten, denn der darin enthaltene Haushaltszucker wirkt sich eher hinderlich auf die Konzentration aus.

Wenn Ihr Kind bei Hausaufgaben, die es langweilig findet, öfter aufsteht, ist das eigentlich eine gesunde normale Reaktion, um den Tank wieder mit Energie aufzufüllen. Durch die Bewegung wird das für das Denken zuständige Areal im Gehirn auf Standby geschaltet und die Atmung gleichzeitig erhöht und somit auch die Sauerstoffzufuhr.

Sorgen Sie also aktiv dafür, dass Ihr Kind sich zwischendurch immer mal bewegt und eine kurze Pause einlegt, um die Batterien im Gehirn wieder aufzufüllen.

Tipp: Für eine gute Konzentration ist Ruhe sehr wichtig. Vermeiden Sie daher Lärm und Unruhe, die Ihr Kind vom Konzentrieren abhalten könnten. Lassen Sie zum Beispiel keinen Geschirrreiniger laufen, wenn Ihr Kind die Hausaufgaben in der Küche macht. Achten Sie darauf, dass Geschwisterkinder nicht rein und raus laufen oder im gleichen Raum spielen. Fernseher oder Musik sollten sowieso tabu sein. Vielleicht ist es sogar hilfreich, die Haustürklingel abzuschalten und das Telefon auf stumm zu schalten.

Achten Sie darauf, dass auf dem Schreibtisch, oder dort wo Ihr Kind arbeitet, keine Spielsachen liegen. Bei einer langweiligen Schulaufgabe ist sonst die Wahrscheinlichkeit sehr hoch, dass sich Ihr Kind lieber dem Spielzeugauto oder der Puppe widmet.

Versuchen Sie, Ihr Kind häufig zu loben, und geben Sie ihm Anerkennung. Dies steigert die Motivation. Auch wenn Ihr Kind vielleicht schlechte Noten mit nach Hause bringt, so ist eine Ermahnung oder gar Bestrafung eher kontraproduktiv. Um Energie zu haben, die Kraft mit Übung am Ball zu bleiben und sich konzentrieren zu können ist schlechte Stimmung, Stress und Anspannung nicht sehr hilfreich.

Sollte Ihr Kind nach mehrmaligen Erklärungsversuchen eine Aufgabe immer noch nicht verstanden haben, so fahren Sie nicht aus der Haut. Das ist leichter gesagt als getan, doch versuchen Sie, ruhig zu bleiben, und machen Sie besser selbst eine kurze Pause. Nur wenn Sie selbst Ruhe vermitteln, kann auch Ihr Kind innerlich ruhig bleiben und sich auf eine Aufgabe konzentrieren.

Wie wird Konzentration erlernt?

Der Lernprozess im eigentlichen Sinne, der hinter der Entwicklung der Konzentrationsfähigkeit steht, ist das bewusste und aktive Ausblenden der vielen Reize aus der Umwelt. Häufig wird dieses Ausblenden von Kindern während des gemeinsamen Spielens erlernt, denn hierbei kommt es automatisch und auf natürliche Art und Weise zu einem Gleichgewicht von Konzentration und Entspannung sowie von Bewegung und Ruhe.

Tipp: Achten Sie so früh wie möglich darauf, dass sich Ihr Kind immer nur mit einer Sache beschäftigt, nicht mit mehreren gleichzeitig. Entweder Fernseher schauen ODER spielen, Hausaufgaben ODER ein Hörspiel hören. Reißen Sie Ihr Kind während Konzentrationsphasen zum Beispiel nicht einfach aus dem Spiel, indem es sofort zum Essen kommen soll. Lassen Sie ihm die Zeit und die Ruhe sich langsam vom Spiel abzulösen.

Durch gezielte Übungen und Techniken können Kinder das aktive Ausschalten und Steuern von Umweltreizen gezielt erlernen. In verschiedenen Entspannungstrainings wird versucht, so viele Reize wie möglich auszuschalten, zum Beispiel durch das Schließen der Augen, eine leise Umgebung und das Ausrichten der Aufmerksamkeit zum Beispiel auf eine Stimme. Außerdem wird dabei die Aufmerksamkeit auf eine ruhige und tiefe Atmung gelenkt. Mögliche Übungen sind hierfür Autogenes Training, Muskelentspannungsübungen oder auch Meditation. Wichtig zu verstehen ist jedoch, dass es bei all den Übungen nicht darum geht, sich vornehmlich zu konzentrieren oder dies dadurch zu erlernen, sondern lediglich darum zu lernen, wie man sich entspannt und die Aufmerksamkeit ausrichtet, um Umweltreize auszublenden.

TIPPS

Ein Aquarium kann sehr entspannend wirken und manche Kinder können sehr lange davor sitzen und die Fische beobachten. Dabei werden vom Gehirn mehr und mehr Einflüsse von außen ausgeblendet und es kommt zur Entspannung. Auch der Fernseher kann für manche Kinder entspannende Wirkung haben. Achten Sie einmal darauf, ob Ihr Kind beim Fernseher schauen herumzappelt oder ruhig sitzen bleibt und einen Film verfolgt. Bei beiden Situationen kommt es zur Konzentration durch Entspannung, worauf anschließend wieder eine Phase der Anspannung folgen wird und die Kinder toben und spielen wollen.

Auch das Anhören eines Hörspiels oder von Musik ist ein gutes Training die Aufmerksamkeit auszurichten und dabei abzuschalten und zu entspannen. Noch besser für den Aufbau der Konzentrationsleistung ist es, dem Kind vorzulesen oder Geschichten zu erzählen. Auch hierbei wird die Motorik ausgeschaltet und es kommt zur Entspannung, zum Beispiel beim gemütlich im Bett liegen.

Auch Tanzen oder Reiten kann zur Entspannung führen, in dem die Aufmerksamkeit auf den Rhythmus der Musik oder das Pferd gelenkt wird.

Es gibt also viele Möglichkeiten Konzentration zu lernen oder diese Fähigkeit weiterzuentwickeln. Sie als Eltern kennen Ihre Kinder am besten und können Ihr Kind verschiedene Wege ausprobieren lassen, um zu sehen, was zu Ihrem Kind am besten passt.

FAKTOR ERNÄHRUNG UND SPORT

Wie Sie bereits erfahren haben, gibt es viele Reize und Faktoren, die bei der Konzentration einen großen Einfluss haben und zu einer verbesserten oder auch verringerten Konzentrationsfähigkeit führen. Ein weiterer entscheidender Aspekt wird dabei oft vergessen und unterschätzt: die Ernährung und sportliche Aktivität. Auch was Kinder essen und Bewegung spielt für die Leistungsfähigkeit der Konzentration eine wichtige Rolle. Dabei wirken sich logischerweise eine ungesunde Ernährung und wenig Sport negativ auf die Konzentrationsleistung aus und es kommt zu einem schnellen Verlust der Motivation. Die Kinder lassen sich dann schnell von anderen Dingen ablenken und sind lustlos.

Zur Steigerung der Konzentration sollte, neben ausreichend Flüssigkeit, auch darauf geachtet werden, dass bei den Speisen die Aufnahme von hochwertigen und guten Fetten gewährleistet ist. Ungesättigte Fettsäuren sowie Omega-3-Fettsäuren, die sich vorwiegend in Gemüse und Fisch befinden, sollten auf dem Speiseplan stehen. Auch Aminosäuren sollten in der Ernährung enthalten sein, diese findet man zum Beispiel in grünem Blattgemüse, Sesam, Brokkoli oder Eiern. Auch Hülsenfrüchte liefern Aminosäuren und weitere wertvolle Stoffe wie Eiweiß und viele Ballaststoffe. Kochen Sie häufig mit frischen Zutaten und vermeiden Zusätze wie Geschmacksverstärker, künstliche Aromen oder Farbstoffe. Mit frischem und gesundem Essen kann die Konzentration Ihrer Kinder volle Leistung entfalten.

Als Ausgleich zu Stress und für eine gesunde Lebensweise sollte sportliche Aktivität nicht fehlen. Damit runden Sie einen gesunden Alltag für Ihre Kinder perfekt ab.

Wie bereits erwähnt benötigt das Gehirn Zucker, um ausreichend Leistung zu bringen, doch hier sollte zu Obst gegriffen werden, denn zu viel Industriezucker wirkt sich negativ auf die Konzentration aus und legt das Gehirn förmlich lahm. Obst hingegen liefert nicht nur Glucose, sondern auch Vitamine wie Vitamin A, C oder Beta-Carotin.

Snack-Tipp: Gurken, Paprika und Karotten sind ein perfekter Snack, um die Konzentration anzukurbeln. Schneiden Sie das Gemüse in dünne Streifen und legen Sie es farbenfroh in eine Schale. Dazu passt ein leichter Dip aus Joghurt, Schmand, frischen Kräutern und etwas Salz. So bieten Sie Ihrem Kind einen Snack mit vielen Vitaminen für zwischendurch.

Auch frisch zubereitete Smoothies aus leckerem Obst liefern viel Energie und geben dem Gehirn den nötigen Kick, um volle Leistung bei der Konzentration zu erbringen.

FAZIT

Die Konzentration ist ein wichtiger Grundpfeiler im Leben. Sie ist unabdingbar um Denken und Lernen zu können. Auch wenn die Konzentrationsfähigkeit nur in der Grundausstattung bei der Geburt mitgeliefert wird, so entwickelt sie sich im Laufe der Jahre in einem Prozess bis sie im Erwachsenenalter ausgereift ist. Die Konzentrationspanne bei Kindern ist viel geringer, als die von Erwachsenen und es kostet Kinder enorme Energie die Aufmerksamkeit auf eine bestimmte Sache, für eine bestimmte Zeit zu richten. Daher sind Erholungsphasen nach einer Konzentrationsphase extrem wichtig, um wieder genügend Energie für die nächste Konzentrationsphase zu haben.

Ohne die Fähigkeit sich auf etwas konzentrieren zu können, fehlt die nötige Aufmerksamkeit und diese ist allein schon für den Alltag lebensnotwendig. Denn durch Konzentration werden wir vor Fehlern, Gefahren und Unfällen geschützt. Auch im Beruf und in der Schule ist die Konzentration entscheidend, um zu lernen und sich weiterentwickeln zu können. Durch Konzentration wird die Leistungsfähigkeit verbessert und Sachverhalte oder Situationen können aufgenommen und abgespeichert werden. Auch für das Verarbeiten von Informationen, die den ganzen Tag auf uns und unsere Kinder einprasseln, wird Konzentration benötigt.

Ohne Konzentration wird das tägliche Leben fast unmöglich. Sie ist ein wichtiger Eckpfeiler in der Entwicklung, für den Alltag, die Schule, den Beruf und das Leben.

Konzentrationsübungen für Kinder

Laut einer Forsa-Studie der Krankenkasse DAK-Gesundheit haben Konzentrationsprobleme bei Kindern im Grundschulalter in den letzten Jahren enorm zugenommen. Bei 54 % ihrer Schüler konnten Lehrer eine Konzentrationsschwäche feststellen, die zu erheblichen Problemen in der Schule werden können. Außerdem kann es aufgrund von Frustration durch die Konzentrationsschwäche auch zu einer psychischen Belastung bei den Kindern kommen.

Um dies zu vermeiden, können Eltern mit entsprechenden Übungen die Konzentration ihrer Kinder fördern. Wichtig dabei ist, dass die Kinder Spaß daran haben. Deshalb sind die Übungen spielerisch gestaltet, denn im Spiel lernt es sich am einfachsten. Im Folgenden ist eine Vielzahl an Konzentrationsspielen zusammengestellt. Der erste Teil dient dem Training des Gedächtnisses, der zweite Teil bietet eine Auswahl an Konzentrationsübungen mit Bewegung.

KONZENTRATIONSSPIELE-GEDÄCHTNISÜBUNGEN

1. Zahlenkette

Bei dieser Übung soll das Merkvermögen verbessert werden. Sie nennen Ihrem Kind dafür eine beliebige Zahl, die es sich merken soll, beispielsweise die 20. Am nächsten Tag fragen Sie Ihr Kind nach der Zahl und erweitern die Zahl um eine nächste beliebige Zahl. Auch diese Zahl soll sich Ihr Kind merken, zusätzlich zur Ersten natürlich. Fragen Sie Ihr Kind am nächsten Tag wieder nach den Zahlen. Wenn es Sie noch weiß, können Sie die Zahlenkette um eine weitere Zahl erweitern. So fahren Sie jeden Tag fort. Seien Sie gespannt, wie viele Zahlen sich Ihr Kind merken kann.

2. Wolkenspiel

Diese Übung soll das räumliche Denken und die Kreativität ankurbeln und kennt so ähnlich bestimmt jeder. Warme Sommertage, an denen der blaue Himmel mit weißen Wölkchen bestückt ist, eignen sich hierfür am besten. Setzen oder legen Sie sich mit Ihrem Kind auf den Boden. Betrachten

Sie gemeinsam die Wolken und versuchen Sie, Formen darin zu entdecken. Wenn eine Form entdeckt wurde, verfolgen Sie die Wolke noch einen Moment. Dann soll Ihr Kind für circa 10 Sekunden die Augen schließen und anschließend die Wolke mit der Form von eben wiederfinden.

3. In der Stille liegt die Kraft

Auch wenn diese Übung vielleicht einfach klingt, so ist sie für Kinder eine richtige Anstrengung. Ihr Kind soll dabei eine bestimmte Zeit ganz still sein und einfach nur stillsitzen. Still zu sein ist ein wesentlicher Teil der Konzentrationsfähigkeit. Am besten ist es, wenn Sie zunächst eine kurze Zeitspanne wählen und diese nach und nach erweitern.

4. Wegbeschreibung

Diese Konzentrationsübung soll das räumliche Denken der Kinder verbessern. Kinder, die bereits das Schreiben gelernt haben, können ihren Weg von der Schule nach Hause aufschreiben, und zwar so, dass andere Menschen den Weg auch finden würden. Kinder, die noch nicht schreiben können, dürfen diese Übungen als Malaufgabe tätigen.

5. Genaues hören und zählen

Hierbei handelt sich um ein akustisches Konzentrationsspiel und Ihr Kind übt genau zu hören und zählen. Es hört entweder einem Gespräch zu, oder Sie können ihm aus einem Buch vorlesen oder die Übung bei einer Fernsehsendung durchführen. Ihr Kind soll dabei bestimmte vorher festgelegte Worte heraushören und zählen. Worte, wie zum Beispiel „aber“ oder „und“ oder ähnliches. Natürlich können Sie die Übung auch wieder steigern, indem Sie mehrere Worte festlegen.

6. Rückwärts-Alphabet

Diese Übung ist ein regelrechtes Gehirnjogging. Das Alphabet in umgekehrter Reihenfolge aufsagen mag den meisten Kindern und Erwachsenen noch leicht fallen, doch dabei jeden zweiten, dritten oder vierten Buchstaben wegzulassen ist sicherlich eine Herausforderung. Alternativ können Sie Ihrem Kind auch Zettel und Stift geben, damit es die Buchstaben aufschreiben kann.

7. Beobachten und zeichnen

Für diese Übung benötigt man ein Blatt Papier und einen Stift. Suchen Sie für Ihr Kind einen beliebigen Gegenstand im Raum aus. Diesen soll es für circa eine Minute genau betrachten. Anschließend soll Ihr Kind diesen Gegenstand so genau wie möglich nachzeichnen. Soll der Schwierigkeitsgrad erhöht werden, kann man die Beobachtungszeit verkürzen. Bei dieser Übung wird nicht nur das Gedächtnis, sondern auch die Beobachtungsfähigkeit trainiert.

8. Wasserglas füllen

Eine sehr schöne Übung für warme Sommertage. Füllen Sie Wasser in einen Messbecher. Anschließend bekommt das Kind die Augen verbunden und soll mit dem Messbecher ein Glas mit dem Wasser befüllen. Dabei soll es nur anhand der Geräusche erkennen, wann das Glas voll ist, und versuchen, das Glas so voll wie möglich zu machen, aber ohne dass es überläuft.

9. Siebenerschritte

Lassen Sie Ihr Kind von 100 rückwärts zählen, und zwar in Siebenerschritten (100, 93, 90...). Geben Sie Ihrem Kind dazu ein kariertes Blatt Papier und einen Stift, damit es die Zahlen notieren kann. Natürlich müssen es nicht zwangsläufig die Siebenerschritte sein, es können auch andere Intervalle sein.

10. Liegende Acht

Geben Sie Ihrem Kind ein weißes Blatt Papier und legen Sie es im Querformat bereit. Ihr Kind soll nun eine liegende Acht über die gesamte weiße Fläche zeichnen. Dabei soll Ihr Kind versuchen immer den gleichen Schwung beizubehalten, bis es mindestens zwanzig Mal die liegende Acht gezeichnet hat.

11. Gegensätze finden

In dieser Übung soll Ihr Kind die jeweiligen Gegensätze finden und miteinander verbinden.

jung	Tod
Leben	weiß
Sommer	Verlierer
heiß	süß
gut	alt
schwarz	glücklich
sauer	kalt
dunkel	Winter
Gewinner	klein
traurig	böse
groß	Niederlage
Erfolg	hell

Sie können natürlich auch andere Worte für diese Übung verwenden.

12. Bildliches Gedächtnis

Ihr Kind soll einen bestimmten Punkt im Raum für eine Minute genau anschauen, zum Beispiel eine Wand mit einer gemusterten Tapete. Anschließend soll das Kind versuchen, aus dem Kopf heraus die eben eingeprägte Wand zu zeichnen. Am besten gelingt das, wenn Ihr Kind mit den markantesten Stellen beginnt, zum Beispiel die rechteckige Form der Wand oder ein Bild, was an dieser Wand hängt.

13. Lauschen

Ähnlich wie bereits bei der Übung „In der Stille liegt die Kraft" soll Ihr Kind auch bei dieser Übung wieder ganz still und aufmerksam sein. Dabei soll es aufschreiben, welche Geräusche es alles hört, während es sich auf die Stille konzentriert.

14. Zeichnen nach Anweisung Beispiel 1

Ihr Kind soll bei dieser Übung ein Bild nach Anweisung malen, geben Sie ihm dazu ein weißes viereckiges Blatt Papier:

Links oben im Bild sieht man die Sonne. Unten ist eine grüne Wiese mit vier roten Blumen zu sehen. Rechts am Rande des Bildes steht ein Baum mit roten Kirschen. Der Baum wird umkreist von zwei Vögeln. Außerdem grast auf der Wiese eine braune Kuh. Diese Übung schärft nicht nur die Konzentration, sondern auch die Vorstellungskraft.

15. Zeichnen nach Anweisung Beispiel 2

Ihr Kind soll bei dieser Übung ein Bild nach Anweisung malen, geben Sie ihm dazu ein weißes viereckiges Blatt Papier:

In der Mitte des Blattes ist ein großes Haus zu sehen. Es besteht aus einem Quadrat, welches das Haus darstellt und einem Dreieck für das Dach. Links auf dem Dach befindet sich der Schornstein. Im unteren Geschoss sieht man die Eingangstür, die auf der rechten Seite einen Türgriff hat und auf der linken Seite eine Glocke zum Klingeln. Neben der Haustür befindet sich ein kleineres Fenster. Im oberen Stockwerk sind drei Fenster zu sehen und im mittleren Fenster hängt ein grüner Vorhang. Im rechten Fenster steht eine rote Blume und ganz links schaut ein lachendes Kindergesicht heraus.

16. Rückwärts-Sätze

Eine tolle Gehirn- und Konzentrationsübung bietet die folgende Aufgabe. Hierbei geben Sie Ihrem Kind verschieden Sätze vor, die Sie ihm aufschreiben. In die Zeile darunter soll Ihr Kind diese Sätze rückwärts abschreiben. Hier sind einige Satzbeispiele:

Die Kinder aus der Klasse 3a besuchen heute die Feuerwehr.
Obst und Gemüse ist gesund und schmeckt lecker.
Am Meer gibt es Strand und im Sommer kann man baden und im Sand spielen.
In drei Wochen sind Osterferien.
Ich besuche sehr gerne meine Oma und meinen Opa.
Bei Oma gibt es immer den besten Kuchen.
Meine Mama ist immer für mich da und tröstet mich.
Ich liebe es, auf den Spielplatz zu gehen.
Im Frühling und im Sommer spiele ich am liebsten draußen.
Ich gehe immer mit meiner Mutter zum Einkaufen.
Nächste Woche feiert Maria ihren Kindergeburtstag und ich bin eingeladen.

Sie können hier natürlich noch jede Menge beliebig andere Sätze hinzufügen, die vielleicht besser zu Ihrem Kind passen. Seien Sie kreativ. Auch lustige Sätze können Sie erfinden, so hat Ihr Kind noch eine extra Portion Spaß.

KONZENTRATIONSÜBUNGEN FÜR UNTERWEGS ODER IM AUTO

1. Ich packe meinen Koffer

Dieser Klassiker ist sicherlich jedem bekannt und ist wieder ein sehr gutes Gehirnjogging, bei dem die Konzentration stark gefordert wird. Bei diesem Spiel wird ein imaginärer Koffer gepackt. Der erste Teilnehmer packt beispielsweise einen Pullover ein, dabei sagt er: „Ich packe meinen Koffer und nehme mit: einen Pullover." Der nächste Teilnehmer packt ebenfalls seinen Koffer und muss das was bereits drin ist, drin lassen und einen neuen Gegenstand hinzufügen. „Ich packe meinen Koffer und nehme mit: einen Pullover und eine Hose." Jeder nimmt also immer zuerst die Gegenstände, die bereits eingepackt sind, und fügt einen weiteren hinzu. Je nachdem wie viele Teilnehmer es ist sind, kann es schnell zu einer Herausforderung werden.

2. Erde, Luft und Wasser

Ein wunderschönes Spiel, bei dem es um die Elemente und ihre dort lebenden Bewohner geht. Ihr Kind sucht sich eines der drei Elemente heraus und nennt es laut. Das Kind, dem als erstes ein Tier einfällt, welches in diesem Element lebt, darf als nächstes das Element vorgeben.

3. Endlos-Geschichte

Wie der Name schon sagt, soll hier eine unendliche Geschichte erfunden werden. Das Spiel eignet sich für die ganze Familie. Ein Teilnehmer beginnt mit einem Wort. Der nächste Teilnehmer fügt ein weiteres Wort hinzu, sodass sich korrekte Sätze und einen Inhalt bilden. Die Teilnehmer müssen dabei natürlich die Worte, die zuvor genannt wurden, wiederholen und mit eigenen Wörtern erweitern.

Beispiel:

Teilnehmer 1: „Du“
Teilnehmer 2: „bist“
Teilnehmer 3: „ein“
Teilnehmer 1: „tolles“
Teilnehmer 2: „Kind“

4. Wörterkette

Bei diesem Konzentrationsspiel handelt es sich um einen echten Klassiker, den sicher jeder kennt. Das erste Kind muss ein Wort nennen, welches aus zwei Teilen besteht, zum Beispiel „Kuhmilch“. Das nächste Kind nimmt den zweiten Wortteil und beginnt mit diesem ein neues Wort aus zwei Teilen: „Milchgetränk“. So geht es immer reihum weiter. Wichtig dabei ist, dass es die Wörter im deutschen Sprachgebrauch auch wirklich gibt.

5. Liegende Acht als Fingerübung

Diese Übung kann man auch ohne Papier und Stift sehr gut durchführen, daher eignet sie sich auch hervorragend für unterwegs. Der Vorteil ist, dass nicht nur die Konzentration trainiert wird, sondern auch beide Hälften des Gehirns beansprucht werden. Ihr Kind soll dabei wieder mindestens eine Minute lang eine liegende Acht mit dem Finger in die Luft zeichnen. Wichtig ist dabei, die vorgegebene Zeit einzuhalten.

6. Balancieren

Bei dieser Übung geht nicht nur um die Konzentration, sondern auch um Geschicklichkeit, Ausdauer und einen guten Sinn für das Gleichgewicht. Ihr Kind kann während der Fahrt oder unterwegs einen Gegenstand versuchen, auf dem Handrücken zu balancieren. Am besten geeignet sind hierfür eckige Gegenstände, die von der Größe her auch gut auf die Hand Ihres Kindes passen und nicht all zu fest auf der Hand sitzen. Anschließend legen Sie Ihrem Kind den Gegenstand auf den Handrücken und lassen es nach Ihren Anweisungen die Hand bewegen, zum Beispiel nach oben, nach unten, nach rechts oder nach links. Noch schwieriger wird es, wenn das Kind den Gegenstand auf einem Finger balancieren soll.

7. Phantasiegeschichte

Ihrem Kind wird es großen Spaß machen, gemeinsam mit Ihnen eine Geschichte zu erfinden. Denn was gibt es Schöneres als gemeinsames Spielen mit den Liebsten? Bei diesem Konzentrationsspiel erfinden Sie gemeinsam eine Fantasiegeschichte oder machen eine Fantasiereise. Beginnen Sie die Geschichte mit einem einleitenden Satz, zum Beispiel: „Am Himmel war ein wunderschöner Regenbogen zu sehen als...". Danach ist Ihr Kind dran und fügt einen weiteren Satz hinzu.

Es muss auch nicht unbedingt eine Geschichte sein, die Sie gemeinsam erfinden, es kann genauso gut eine Traumreise sein oder jede andere gemeinsame Aktivität. Am besten dabei ist es, wenn die ganze Familie mitmacht.

8. Wörter zählen

Diese Übung wurde bereits zuvor erklärt. Dabei sollen die Kinder bestimmte im Vorfeld festgelegte Worte zählen, während sie einer Geschichte lauschen. Gleiches funktioniert auch hervorragend im Auto ohne Fernseher. Man kann zum Beispiel im Radio ein Lied oder ein Hörspiel anhören, bei dem man die Wörter zählen kann. Das fördert nicht nur die Konzentration, sondern macht Spaß und vertreibt die Langeweile. Sie können mit Ihrem Kind gemeinsam die Worte zählen, aber im Stillen jeder für sich. Am Ende können Sie die Zahl der Wörter miteinander vergleichen und sehen, ob das Ergebnis identisch ist.

BEWEGUNGSSPIELE FÜR DIE KONZENTRATION – FÜR DRINNEN UND ZU FUß UNTERWEGS

Damit auch etwas Bewegung ins Spiel kommt und die Kinder nicht nur ruhig sitzen müssen, kommen nun noch fünf Übungen, die Action und Bewegung zu bieten haben, und dabei trotzdem spielerisch die Konzentration fördern.

1. Schritte zählen

Dieses Spiel fördert nicht nur die Konzentration, sondern auch die Motorik. Während eines Spaziergangs werden hierbei die Schritte gezählt, sobald man sich jedoch verzählt, muss man von vorne beginnen. Das Spiel kann gesteigert werden, indem man nur jeden zweiten oder dritten Schritt zählt. Richtig schwierig wird es, wenn man sich dabei noch unterhält. Wichtig ist es, dabei eine Zeit oder ein Ziel festzulegen, zum Beispiel eine Minute lang alle Schritte zählen oder die Schritte zählen bis zur nächsten Kreuzung.

2. Rhythmus und Motorik

Bei diesem Spiel wird ein Instrument benötigt, um ein Lied mit einem einfachen Takt abzuspielen, beispielsweise eine Trommel. Gut ist auch, wenn man viel Platz für dieses Spiel hat, vielleicht im Freien oder in einem großen Raum. Die Kinder sollen sich auf den Takt konzentrieren und sich im Takt bewegen. Sobald der Takt ausbleibt und die Musik verstummt, müssen alle sofort stehen bleiben, und zwar in genau der Position, in der sie gerade waren. Niemand darf sich bewegen. Das Kind, das sich als erstes bewegt, scheidet aus. Dieses Spiel endet, wenn nur noch ein Kind übrig ist.

3. Fingerspiele

Diese Übung fördert sowohl die motorische Koordination als auch die Konzentrationsfähigkeit. Dabei ist die Übung sehr gut für unterwegs geeignet, denn man kann sie überall, schnell und einfach durchführen. Dabei soll Ihr Kind mit der rechten Daumenspitze die restlichen Fingerspitzen an der rechten Hand antippen. Das Kind beginnt mit dem Zeigefinger und tippt bis zum kleinen Finger und anschließend alles in umgekehrter Reihenfolge. Anschließend soll Ihr Kind das gleiche mit der linken Hand durchführen. Eine schwierigere Version dieser Übung erhält man, indem man die Übung mit beiden Händen gleichzeitig macht, vielleicht sogar in verschiedene Richtungen oder auf verschiedene Finger je Hand.

4. Gegenstände balancieren

Diese Übung fördert die Konzentrationsfähigkeit, die Koordination und auch den Gleichgewichtssinn und ist somit ein richtiges Multitalent, denn es werden gleich drei Bereiche des Gehirns gleichzeitig angesprochen. Bei dieser Übung werden beliebige alltägliche Gegenstände, die nicht so schwer sind, auf einem Finger, der Handfläche oder dem Fuß balanciert. Man muss versuchen, den Gegenstand so lange es geht zu balancieren und das Gleichgewicht zu halten. Mit verschiedenen Formen und Arten der Gegenstände kann man den Grad der Schwierigkeit noch erhöhen. Sind Sie zu Fuß unterwegs und machen zum Beispiel einen Spaziergang, können Sie das Spiel etwas abändern. Dabei werden dann keine Gegenstände auf dem Fuß oder den Händen balanciert, sondern das Kind selbst soll balancieren. In der Natur gibt es viele Möglichkeiten, die man zum Balancieren nutzen kann. Zum Beispiel kann Ihr Kind auf einem umgestürzten Baumstamm balancieren oder auf einer Linie am Boden. Ist es für Ihr Kind sehr schwierig, dann reichen Sie ihm die Hand zur Hilfe. Versuchen Sie dabei, die Hand nur auszustrecken und nicht wirklich zu geben, damit Ihr Kind weiter die Balance üben kann, Sie es aber festhalten können, falls es abrutschen sollte.

5. Null und Acht

Bei dieser Übung kann man durch Konzentration die Augen-Hand-Koordination trainieren. Ihr Kind stellt sich dabei aufrecht hin und zeichnet mit der rechten Hand eine Acht in die Luft. Mit der linken Hand zeichnet es anschließend eine Null in die Luft. Danach wird beides noch einmal wiederholt, um zum Schluss die Übung mit beiden Armen gleichzeitig durchzuführen. Mit einer schnelleren Geschwindigkeit kann der Schwierigkeitsgrad noch erhöht werden.

6. Steine und Zwischenräume

Wenn Kinder draußen unterwegs sind, versuchen sie oft, bestimmten Steinen, Fugen oder Pflastersteinen mit einer anderen Farbe auszuweichen. Diese Vorliebe können Sie nutzen, um daraus ein Konzentrationsspiel zu machen. Dafür legen Sie bestimmte Regeln fest, zum Beispiel welchen Stein das Kind mit dem Fuß treffen muss oder welche Farben es umgehen soll. Natürlich gibt es noch viel mehr Möglichkeiten. Wichtig ist, hier auch wieder ein Ziel festzulegen, zum Beispiel bis zur nächsten Straßeneinmündung oder bis der erste vier Fehler gemacht hat. Dieses Spiel fördert nicht nur Konzentration, sondern auch das Gleichgewicht und einiges mehr. Ein wirkliches Multitalent.

7. Sinne schärfen

Leider kommt in der heutigen schnelllebigen Zeit oft Bewegung zu kurz und unsere Wahrnehmung für die schönen Dinge der Natur und des Lebens verkümmert. Schärfen Sie doch einmal gemeinsam mit Ihrem Kind Ihre Sinne und rütteln Sie diese wach. Machen Sie einen Spaziergang in der Natur, vielleicht im Feld, oder im Wald. Versuchen Sie dabei, die Natur mit allen Sinnen und Ihrer Wahrnehmung zu erfassen. Ziehen Sie sich gemeinsam die Schuhe aus und gehen Sie barfuß, spüren Sie den Boden unter den Füßen, ist er steinig, sandig, hart oder weich? Atmen Sie die frische Luft tief ein, vielleicht riechen Sie den Duft des Waldes oder einer frisch gemähten Wiese. Bewegen Sie sich, strecken und beugen Sie sich, laufen Sie oder tippeln Sie auf den Fußzehen. Befühlen Sie gemeinsam die Natur, zum Beispiel die Rinde eines Baumes, das Moos auf einem Stein oder riechen Sie an Blumen. Lassen Sie Ihrer Fantasie freien Lauf. Ihr Kind setzt sich dabei mit sich selbst und mit der Natur auseinander, dies stärkt die Konzentration und auch die Wahrnehmung.

KONZENTRATIONSÜBUNGEN IN DER SCHULE

Die größte Herausforderung für Kinder ist die Konzentration in der Schule. Mit dem Beginn der Grundschule ändert sich für die Kinder enorm viel und die Erwartungen an die Kinder sind hoch: Sie sollen plötzlich still sitzen bleiben, zuhören, lernen, sich eine bestimmte Zeit gezielt konzentrieren und Leistung bringen. Das ist nicht einfach für die Kinder. Und wie jedes Kind seine Vorlieben und Neigungen hat, so liegt es nicht jedem Kind, sich gut konzentrieren zu können. Kann sich das Kind nicht richtig konzentrieren, kann es dem Unterricht nicht folgen. Es kommt zu Problemen in der Schule und eine gute Leistung bleibt aus. Es kommt zum Teufelskreis, denn das Kind wird frustriert sein und die Motivation verlieren.

Um die Konzentration der Grundschüler zu fördern, können Lehrer auch verschiedene Übungen während oder vor dem Unterricht durchführen. Es dient nicht nur der Förderung der Konzentration, sondern unterbricht auch für eine kurze Zeit den Schulalltag, sodass die Kinder anschließend wieder besser folgen können. Wichtig hierbei ist, die Übungen bei geöffnetem Fenster durchzuführen, denn frische Luft fördert ebenfalls die Konzentration.

Übung 1 – Augenyoga

Durch diese Übung können sich die Augen von der starren Fixierung, zum Beispiel auf die Tafel, erholen.

Die Schüler sollen dabei zunächst einen Punkt auf ihrem Tisch fixieren. Dann sollen sie den Blick immer weiter von dem fixierten Punkt entfernen, zum Beispiel zum Nachbartisch, dann zum Fenster, dann zu einem Baum auf dem Schulhof und immer weiter, bis ganz in die Ferne. Der Blick sollte auf jeden Fall außerhalb des Fensters enden.

Es ist darauf zu achten, dass die Atmung während der Übung ruhig und entspannt ist. Nun sollen die Schüler mehrmals blinzeln. Anschließend decken sie mit einer Hand ein Auge ab und suchen sich wieder in der Ferne einen bestimmten Punkt, den sie genau betrachten sollen. Das Ganze wird mit dem anderen Auge wiederholt. Zum Schluss wird der ausgesuchte Punkt noch einmal mit beiden Augen betrachtet.

Durch diese gezielte Augenübung können sich Augen etwas erholen und entspannen.

Übung 2 – Bildergeschichte

Die Schüler sollen sich 7 beliebige Bilder ausdenken und aufschreiben, zum Beispiel ein Vogel, ein Herz, ein Auto und so weiter. Sie sollen dabei versuchen, sich die Bilder zu merken, um sie dann abgedeckt wiederzugeben.

Als Nächstes sollen die Schüler sich ihre Bilder noch einmal anschauen und sich dazu eine kurze Geschichte überlegen, in der all die ausgedachten Wörter vorkommen. Nun werden die Bilder abermals zugedeckt und die Geschichte laut erzählt. Das Gegenüber soll dabei herausfinden, welche

Wörter sich der jeweilige Schüler ausgedacht hat.

Es ist sinnvoll diese Übung in Zweiergruppen abwechselnd durchzuführen.

Übung 3 – Schritte zählen

Die Schüler sollen hierbei ruhig und entspannt einen vorgegebenen Weg um das Schulgebäude bis zurück ins Klassenzimmer laufen. Dabei ist auch eine ruhige Atmung wichtig. Nun sollen die Schüler ab der Schwelle vom Klassenzimmer die Schritte auf ihrem Weg zählen, bis sie das Klassenzimmer wieder erreicht haben. Verlieren die Schüler den Faden und verzählen sich, müssen sie von vorne beginnen. Es kann dann auch eine kleinere Runde gewählt werden.

Übung 4 – Marschieren im Takt

Bei dieser Übung wird ein Takt vorgegeben. Die Schüler stellen sich alle in einer Reihe hintereinander auf und klatschen den Takt mit den Händen oder klopfen ihn auf die Oberschenkel. Außerdem gehen die Schüler dabei im Takt auf der Stelle. Dabei ist es sinnvoll, auf eins immer mit dem rechten Fuß zu beginnen (zum Beispiel 1, 2, 3, 4 bei einem Viervierteltakt). Anschließend bewegt sich die Schülerschlange im Takt vorwärts und läuft eine kleine Runde (auch hier wieder auf eins mit rechts beginnen). Zum Schluss gehen alle Schüler eine Runde durch das Schulhaus immer im vorgegebenen Takt. Die Schüler müssen sich dabei darauf konzentrieren, immer im Takt zu bleiben und haben gleichzeitig etwas Bewegung.

Kurze Konzentrationsübungen für verschieden Altersstufen für Schule und zu Hause

Um eine kleine Lernpause einzulegen, egal ob während des Schulunterrichts oder zu Hause am Schreibtisch, eigenen sich klassische Konzentrationsübungen mit einer Dauer von circa fünf Minuten am besten. Dabei sollten Sie darauf achten, dass die Übungen Ihr Kind nicht überfordern, sondern dass es Spaß daran hat und es die Übungen als Abwechslung und Knobelei sieht.

DIE FOLGENDEN ÜBUNGEN SIND FÜR SCHÜLER AB DER **1. KLASSE** GEEIGNET:

1. Welchen Buchstaben suche ich?

Der/Die Lehrer/in oder ein Elternteil spricht dem Kind ein beliebiges und nicht zu schweres Wort vor und nennt direkt im Anschluss eine Zahl. Ihr Kind muss blitzschnell erkennen, welcher Buchstabe an der Stelle der genannten Zahl im Wort steht. Nennen Sie zum Beispiel das Wort Schrank – 5. Ihr Kind muss nun den 5. Buchstaben in diesem Wort erkennen, in diesem Fall wäre das der Buchstabe „a“. Sie können folgende Wörter für diese Übung verwenden. Natürlich können Sie sich auch selbst Wörter aussuchen.

Für die 1. Klasse eignen sich ganz einfache Worte, wie zum Beispiel
Timo, Hand, Blume, Hund, Ball

Ab der 2. Klasse kann man etwas schwierigere Worte nehmen wie Zeitung, Spielplatz, Wintergarten, Motorrad, Ziegelstein.

2. Roboter

Zur Verbesserung der Konzentration nach einer ruhigen Arbeit am Schreibtisch gibt es keine bessere Abwechslung als etwas Bewegung. Bei dieser Übung wird der Tank für die Konzentration wieder aufgefüllt und gleichzeitig wird die Wahrnehmung geschärft. Sie schließen dabei die Augen und lassen sich blind von Ihrem Kind nur mit Worten durch die Wohnung oder den Raum lenken. Ziel kann zum Beispiel eine Schale mit Obst oder eine frische Flasche Wasser sein. Wenn Sie beim Ziel angekommen sind, werden die Rollen getauscht. Nicht nur die Konzentration Ihres Kindes wird geschärft, sondern auch eine genaue Ausdrucksweise.

3. Vor und zurück

Bei dieser Konzentrationsübung beginnt Ihr Kind zu zählen: ein, zwei, drei, vier und so weiter. Irgendwann an einer beliebigen Stelle der Zahlenreihenfolge geben Sie einen Laut von sich, ein Pfeifen oder ein Klopfen auf den Tisch. Dies ist das Signal für Ihr Kind, dass es ab diesem Zeitpunkt die Zahlenreihe wieder rückwärts zählen soll. Pfeifen oder klopfen Sie erneut, ändert sich die Zählrichtung ebenfalls wieder.

4. Ich sehe was, was du nicht siehst

Dieses altbekannte Kinderspiel ist ein wahrer Klassiker und eignet sich hervorragend, um eine Pause vom Lernen zu machen und so die Gehirnzellen etwas zu entspannen. Dabei schauen Sie zum Beispiel aus dem Fenster und suchen einen bestimmten Gegenstand, den Sie für geeignet halten. Nennen Sie ein Merkmal dieses Gegenstandes, zum Beispiel: „Ich sehe etwas, was du nicht siehst, und das ist rund." Nun soll Ihr Kind erraten, welcher Gegenstand es sein könnte. Wenn Ihr Kind den Gegenstand erraten hat, tauschen Sie die Rollen.

DIE FOLGENDEN ÜBUNGEN SIND FÜR SCHÜLER AB DER **2. KLASSE** GEEIGNET:

1. Zuordnen

Diese kurze Konzentrationsübung lässt sich sehr gut und schnell selbst vorbereiten. Dafür benötigen Sie einen Stift und ein Blatt Papier. Nun machen Sie eine Tabelle mit zwei Reihen, in der die obere Reihe schreiben sie verschiedene Buchstaben, in der unteren Reihe ordnen Sie jedem Buchstaben ein bestimmtes Zeichen zu. Ein Beispiel soll es verdeutlichen:

B	M	P	U	E	A	L	O
€	∞	⊠	A	Π	×	Ω	©

Nun machen Sie eine neue Tabelle für Ihr Kind. In diese Tabelle schreiben Sie wieder die vorher festgelegten Buchstaben, aber in einer anderen Reihenfolge. Ihr Kind muss nun anhand der ersten Tabelle die richtigen Symbole dem jeweiligen Buchstaben zuordnen. Das könnte dann so aussehen:

B	
P	
M	
U	
B	
E	
L	
A	
L	
O	
B	
U	
A	

2. Spiegelbilder

Diese Übung fördert nicht nur die Konzentration, sondern verbessert auch das räumliche Denkvermögen Ihres Kindes. Außerdem fördert die Übung auch das mathematische Können Ihres Kindes. Hierfür zeichnen Sie eine geometrische Figur auf ein Blatt Papier, beispielsweise ein Dreieck, einen Würfel oder eine Wellenlinie. Die drei Figuren müssen Sie auf eine gerade Linie aneinanderhängend zeichnen. Nun soll Ihr Kind die Figur genau an dieser Linie nach unten spiegeln.

DIE FOLGENDEN ÜBUNGEN SIND FÜR SCHÜLER AB DER **3. KLASSE** GEEIGNET:

Viele Situationen machen es leider nicht möglich, dass Ihr Kind ein Gegenüber für eine Konzentrationsübung hat. Während des Unterrichts oder bei einer Klassenarbeit ist es schwierig, jemanden zu bitten eine kurze Konzentrationsübung durchzuführen. Doch gerade in solchen Situationen ist die Konzentration Ihres Kindes schnell aufgebraucht und es muss schnelle Entspannung und neue Kraft her. Mit den folgenden Übungen kann Ihr Kind die Kräfte auftanken, und zwar ganz im Stillen, ohne jemanden damit zu stören:

1. Fingerübung

Bei dieser Übung wird das Gehirn ganz besonders aktiviert. Dabei schließt das Kind zunächst jeweils mit dem Daumen und dem Zeigefinger einen Kreis. Die Fingerspitzen berühren sich also. Danach geht es der Reihe nach mit den Fingern weiter: Daumen – Mittelfinger, Daumen – Ringfinger, Daumen – kleiner Finger. Zu Beginn kann Ihr Kind die Übung mit einer Hand durchführen und später auch mit beiden gleichzeitig.

2. Stille Atemübung

Atemübungen eignen sich hervorragend für fast jede Gelegenheit und machen weder Lärm noch benötigt man einen Partner. Das Kind soll dabei, während es am Tisch sitzt, ganz bewusst zehn Mal ganz tief in den Bauch ein- und ausatmen. Die Bauchdecke wölbt sich dabei nach außen. Die Augen kann das Kind dabei schließen. Damit das Kind nicht zu schnell atmet, soll es bei jedem Atemzug und bei jedem Ausatmen langsam bis drei zählen.

Entspannung und Meditation für Kinder

Wenn Ihr Kind gestresst ist, schüttet sein Körper eine große Menge an Adrenalin, Dopamin und Kortisol aus. Die Ausschüttung dieser Botenstoffe war früher enorm wichtig, um zu überleben, denn der Körper wurde so auf eine Flucht oder einen Kampf vorbereitet. Der Mensch musste innerhalb kürzester Zeit genug Energie haben, um sich gefährlichen Situationen zu stellen oder zu fliehen. Natürlich hat diese Reaktion auch heute noch ihren Sinn, allerdings nur wenn kein dauerhafter Stress vorliegt. Bei Dauerstress steht der Körper permanent unter Anspannung, was eine extreme Belastung bedeutet. Es kann zu Kopfschmerzen, Gereiztheit bis hin zu chronischer Erschöpfung kommen. Zu viel Stress führt bei Ihrem Kind zu Konzentrationsstörungen und verringerter Energie.

Es gibt verschiedene Anzeichen, an denen Sie erkennen können, ob Ihr Kind unter zu viel Stress leidet und Entspannung benötigt. Achten Sie zum Beispiel darauf, ob Ihr Kind häufig gereizt reagiert. Leidet Ihr Kind vielleicht an Ein- oder Durchschlafproblemen? Auch immer wiederkehrende Kopf- oder Bauchschmerzen, können ein Anzeichen für zu viel Stress sein. Weitere Anzeichen sind, wenn Ihr Kind sehr zappelig und unruhig ist oder auch beim Essen wenig Appetit zeigt. Verspannungen im Schulter- und Rückenbereich sowie schnelles Überkochen bei Wut und Gereiztheit, können ebenfalls ein Warnsignal sein. Sollten Sie solche Symptome bei Ihrem Kind entdecken und bemerken, dass auch die Konzentration darunter leidet, dann besteht Handlungsbedarf.

Ein wesentlicher Bestandteil für eine gute Konzentration ist der Ausgleich durch Entspannung. Nur wer sich ENTspannt kann sich auch wieder ANspannen und konzentriert lernen. Schon vor Tausenden von Jahren wussten die Menschen der indischen Kultur, dass Meditation das Leben besser und einfacher macht. Auch in der westlichen Kultur gibt es mittlerweile zahlreiche Therapieformen, die mit Meditation und Entspannungstechniken arbeiten. Meditation ist ein einfacher und wirksamer Schlüssel, um Glück und Gesundheit zu erlangen und auch zu erhalten. Viele Glücksmomente können dadurch viel intensiver und auch positiver wahrgenommen werden.

Daher ist es umso wichtiger, dass sich auch unsere Kinder diese positive Kraft zunutze machen können. Gerade unserer Kinder sind im hektischen Alltag und während ihrer Entwicklung sehr vielen Reizen und Umwelteinflüssen ausgesetzt, die manchmal schwer zu verarbeiten sind. Eine spielerische kurze Meditationspause kann daher wahre Wunder bewirken. Beim Meditieren verändert sich die Atmung, das Innere kann zur Ruhe finden und vor allem steigt die Konzentrationsfähigkeit. Es kommt zu einer angenehmen Entspannung und inneren Zufriedenheit und Ängste können gemindert werden. Meditieren Kinder regelmäßig, sind sie außerdem gesünder und ausgeglichener, denn Meditation hat auch positive Auswirkungen auf das Immunsystem. Sehr gut zur Meditation mit Kindern geeignet sind Fantasiereisen. Dadurch verschaffen Sie Ihrem Kind etwas Abstand zum stressigen Alltag und gleichzeitig wird die Fantasie und Vorstellungskraft Ihres Kindes trainiert.

Damit sich Ihr Kind ohne Vorbehalt auf das Meditieren einstellen kann und Sie es an die Übung heranführen können, sollten Sie ein paar hilfreiche Tipps beachten. Die Vorbereitung ist dabei sehr wichtig, denn Ihr Kind soll sich wohlfühlen.

Vorbereitung:

Damit sich Ihr Kind pudelwohl fühlt, sollten Sie im Raum für eine gemütliche „Wohlfühlatmosphäre“ sorgen. Sie können zum Beispiel den

Raum etwas abdunkeln, Kerzen anzünden oder Räucherstäbchen mit angenehmem Duft aufstellen. Vielleicht gibt es eine schöne Entspannungsmusik, die Ihrem Kind gut gefällt. Eine weiche Unterlage zum Reinkuscheln ist auch von Vorteil. Wenn es eine größere Gruppe von Kindern ist, können Sie zusammen Matten oder Kissen auf dem Boden verteilen. Die Vorbereitung auf das Meditieren kann wie ein Ritual gesehen werden, bei dem sich die Kinder schon darauf vorbereiten können, dass Sie gleich etwas zur Ruhe kommen können.

Um es den Kindern einfacher zu machen, sich auf die Fantasiereise einzulassen, ist es sinnvoll, immer mit einer kurzen Einleitung zu beginnen. Bauen Sie im Hauptteil immer die gleichen Elemente ein, das vermittelt den Kindern ein Gefühl der Geborgenheit und Sicherheit. Am Ende führen Sie die Kinder wieder langsam ins Hier und Jetzt zurück. Um die Erfahrungen und Gefühle, die die Kinder während der Fantasiereise erlebt haben, ausdrücken und verarbeiten zu können, können Sie hinterher darüber sprechen oder die Kinder ein Bild dazu malen lassen.

Tipp: Beginnen Sie zunächst mit einer kurzen Zeitspanne von zum Beispiel fünf Minuten. Wenn sich Ihr Kind mehr und mehr an die Meditation gewöhnt hat, können Sie die Zeitspanne erhöhen.

1. MEDITATIONSÜBUNG - BLUMENWIESE

Zur Vorbereitung lüften Sie bitte den Raum und schaffen eine angenehme Atmosphäre durch Kerzen oder Räucherstäbchen. Besprechen Sie mit dem Kind oder den Kindern das Verhalten. Zum Beispiel, dass sie sich ruhig verhalten sollen, ruhig aufstehen sollen oder wer möchte, die Augen schließen darf. Dieses Vorbereitungsprozedere gilt für alle Meditationsübungen.

Bei dieser Übung stehen immer zwei Kinder hintereinander, beziehungsweise hinter dem Kind steht ein Elternteil. Bitte achten Sie auf eine langsame Sprechweise.

Schließe deine Augen und stelle dir vor, du erwachst auf einer Wiese. Unter dir spürst du das weiche Gras und den Untergrund, du riechst die

Blumen, das frische Gras und die Erde. Am Himmel geht langsam die Sonne auf und scheint warm auf deinen Körper. Dir wird schön angenehm warm.

Der hintere Partner legt die Hände über den Kopf des Kindes, welches vorne steht und umrandet mit den Händen die Umrisse des gesamten Körpers, ohne das Kind dabei zu berühren. Das Ganze sollte in der Geschwindigkeit geschehen, in der gesprochen wird.

Die Sonne wärmt dich mehr und mehr auf. Deinen Kopf, dann die Schultern und nun deinen ganzen Körper. Dein Körper fühlt sich wohlig warm an. Doch plötzlich wird es etwas dunkler und es schiebt sich eine Wolke vor die Sonne. Es fängt an zu regnen.

Nun berührt der Hintermann zunächst ganz sanft mit allen Fingerspitzen den Kopf und die Schultern des Vordermannes, dann immer stärker.

Die Regentropfen fallen auf deinen Kopf und auch auf deine Schultern. Jetzt fängt es an, etwas stärker zu regnen... nun lässt der Regen wieder nach... es regnet jetzt nur noch ganz wenig... jetzt hat es aufgehört zu regnen. Die Wolken am Himmel verziehen sich langsam und die Sonne kommt wieder hervor. Sie wärmt wieder deinen Körper und dir wird angenehm warm.

Der hintere Partner legt wieder die Hände über den Kopf des Kindes, welches vorne steht und umrandet mit den Händen die Umrisse des gesamten Körpers, ohne das Kind dabei zu berühren. Das Ganze sollte wieder in der Geschwindigkeit geschehen, in der gesprochen wird.

Zuerst wärmt die Sonne wieder deinen Kopf, dann deine Schultern, die Arme und deinen ganzen Körper. Du fühlst dich wieder wohlig warm.

Jetzt lassen Sie die Wärme der Sonne einen kurzen Augenblick wirken, bevor Sie die Kinder langsam in die Realität zurückholen. Dies können Sie zum Beispiel folgendermaßen tun:

Langsam kommst du nun zurück in deine vertraute Umgebung, wo du gerade bist. Du bewegst langsam deine Hände und die Arme und schüttelst ganz leicht deine Beine. Öffne nun langsam wieder deine Augen.

2. MEDITATIONSÜBUNG – ENERGIE EINATMEN

Bitte achten Sie auch hier wieder darauf, sehr langsam zu sprechen. Hole mehrmals tief Luft und atme ein. Stelle dir bei jedem Atemzug vor, wie du dabei einen ganzen Atemzug voller Energie einatmest. Der mit Energie gefüllte Atemzug fließt ganz tief in deinen Körper und gelangt in jede einzelne Zelle. Die Energie fließt in die Ohren, die Augen, die Nase, die Stirn, das Kinn, den Hals, die Schultern, den Oberkörper, die Arme, den Unterleib, die Beine, die Füße, bis in die Fußzehen. Atme ganz ruhig und entspannt weiter und höre auf die Stille in deinem Körper.

Machen Sie beim Erzählen viele Pausen, damit jedes Kind für sich und in seiner Geschwindigkeit atmen und sich die fließende Energie gut vorstellen kann. Statt Energie kann man auch andere wohltuende Dinge „einatmen“ zum Beispiel Ruhe oder Wärme.

Das Wichtigste bei dieser Übung ist, dass das Kind den Zustand erreicht, sich nur auf seine Atmung und seinen eigenen Körper zu konzentrieren. Deshalb sollte zum Schluss noch ein paar Mal weitergeatmet werden. Das Kind entscheidet dabei selbst über das Ende der Übung.

3. MEDITATIONSÜBUNG – DER BLINDE UND DER SEHENDE

Bei dieser und auch bei den nächsten Übungen stehen Ruhe und Bewegung im Vordergrund. Stellen Sie sich gegenüber von Ihrem Kind auf. Sind es mehrere Kinder, so werden Zweiergruppen gebildet und die Kinder stehen sich gegenüber. Nun strecken beide Personen ihre Hände aus, sodass sich die Handflächen gegenseitig berühren. Die Hände sollten dabei nicht festgehalten werden, sondern nur leicht aufeinanderliegen. Die Person, dessen Hände oben liegen schließt nun die Augen und lässt sich von dem Sehenden wie ein Blinder durch den Raum führen. Dabei ist die wichtigste Regel nirgendwo anzustoßen.

4. MEDITATIONSÜBUNG – KREIS DER RUHE

Diese Übung kann man nur mit mehreren Kindern durchführen, da ein Kreis gebildet werden muss. Dabei stellen sich alle Kinder so auf, dass sie alle anderen Kinder gut sehen können. Dann kommen alle zur Ruhe und es sollte Stille herrschen. Ein Kind darf beginnen und bringt etwas Bewegung ins Spiel, indem es Blickkontakt zu einem anderen Kind aufnimmt und sich in Richtung dessen Platz bewegt. Dabei bleibt das Kind immer ganz ruhig. Das Kind, zu dem Blickkontakt aufgenommen wurde, nimmt ebenfalls stumm Blickkontakt zu einem dritten Kind auf und geht ebenfalls zu dessen Platz. Dort kommt er wieder zur Ruhe. Und so geht es immer weiter, bis alle Kinder einmal ihren Platz gewechselt haben.

5. MEDITATIONSÜBUNG – ÜBER WASSER GEHEN

Auch diese Übung eignet sich nur für Gruppen. Hierbei teilen sich die Kinder in zwei Gruppen auf und stehen sich mit einem möglichst großen Abstand gegenüber. Außerdem wird ein Gruppenleiter bestimmt, der einen Zettel bekommt, auf dem verschiedene Gangarten notiert sind. (Den Zettel sollte die Lehrkraft, ein Elternteil oder die Meditationsleitung vorher vorbereiten.) Eine der beiden Gruppen nimmt nun einen Begriff von dem Zettel und bewegt sich so, wie es dort vorgeschrieben ist, zum Beispiel „über heißen Sand laufen". Die andere Gruppe muss erraten, was die Kinder darstellen. Die einzige Regel hierbei ist: es wird nicht gesprochen.

Beispiele für Gangarten:

Tut so, als ob ihr euch folgendermaßen fortbewegt:

1. durch hohen Matsch waten
2. durch kaltes Wasser laufen
3. über heißen Sand laufen
4. sich leise anschleichen
5. über spitze Steine gehen
6. Schmetterlinge fangen
7. Auto waschen

Man kann hier seiner Kreativität natürlich freien Lauf lassen.

Entspannung durch Progressive Muskelentspannung nach Edmund Jacobson

Bei dieser Entspannungsmethode werden nach und nach alle Muskeln bewusst angespannt und anschließend entspannt. Da ein Zusammenhang zwischen emotionalem Spannungszustand, also Stress, und einem erhöhten Muskeltonus besteht, soll durch das aktive An- und Entspannen der Muskeln eine tiefe Entspannung erreicht werden und Stress und Verspannungen gemindert werden. Die progressive Muskelentspannung nach Jacobson ist heute eine der am meisten angewendeten Entspannungsmethoden.

Es ist einfach zu erlernen, bei einer schnellen Wirkung und somit sehr effizient. Auch Kindern fällt es leicht, diese Technik zu erlernen. Dabei spannt Ihr Kind zum Beispiel die Hand an, indem die Hand zur Faust geballt wird. Die Faust wird für zehn Sekunden gehalten und dann gelockert. Es gibt aber auch sehr schöne Geschichten, bei denen Ihr Kind die Muskeln an- und entspannen muss, wodurch es Ihrem Kind einfacher fällt, die progressive Muskelentspannung durchzuführen. Eine schöne Geschichte für Kinder zur progressiven Muskelentspannung ist zum Beispiel die Geschichte „In der Bäckerei".

Bei der Durchführung der progressiven Muskelentspannung sollten folgende Dinge beachtet werden:

Die Anspannung der einzelnen Muskelpartien und Muskeln sollte für die Dauer von circa drei bis sieben Sekunden gehalten werden. Kinder können dies besser verstehen, indem man einen Countdown rückwärts zählt zum Beispiel: 4-3-2-1. Dadurch wird ihnen die Dauer der Anspannung besser verdeutlicht. Das plötzliche Lösen der Anspannung, und die damit einhergehende Entspannungsphase sollte immer länger dauern als die vorherige Anspannung. Bei einer Anspannungsdauer von sieben Sekunden ist eine Entspannung von circa zwanzig bis dreißig Sekunden optimal. Während der Entspannung sollen die Kinder aktiv in den vorher angespannten Muskel hineinfühlen.

Zu Beginn der Übungen können die Kinder die Augen offenlassen, um die Lehrkraft oder den Elternteil bei der Durchführung zu beobachten, um die Bewegungen nachmachen zu können. Mit zunehmender Dauer der Übung ist es besser, die Augen zu schließen, um so Reize aus der Umwelt über die Augen auszublenden und sich nur auf die Vorgänge im Inneren konzentrieren zu können. Vor allem beim Entspannen ist dies eine wichtige Voraussetzung. Kleine Bewegungen der Kinder oder auch unwillkürliche Zuckungen der Muskulatur sind normal und können toleriert werden. Achten Sie beim Durchführen der Übungen auf folgende Zeichen:

Erscheinen die Kinder müde?
Lassen äußere Reize die Kinder kalt?
Können Sie unwillkürliche Zuckungen der Muskeln oder Gliedmaße bei den Kindern sehen?
Atmen die Kinder tief und gleichmäßig?
Spannen die Kinder die richtigen Muskeln an?

GESCHICHTEN ZUR PROGRESSIVEN MUSKELENTSPANNUNG NACH JACOBSON

1. „In der Bäckerei"

Vorbereitung: Das Kind soll sich einen gemütlichen Platz im Raum suchen und sich entspannt hinlegen. Sind es mehrere Kinder, verteilen sich die Kinder im Raum und legen sich auf den Boden auf Matten oder Decken. Der/Die Lehrer/in oder ein Elternteil erklärt zunächst den Ablauf der Übung und beginnt dann den folgenden Text langsam und ruhig vorzulesen.

Einleitung:
Heute besuchen wir die Bäckerei. Wir dürfen dort einen leckeren Kuchen, Brotteig kneten und dann dem Ofen dabei zuschauen, wie er alles schön knusprig backt.
Legt euch auf den Rücken und lasst eure Hände ganz locker neben euren Körper fallen. Schließt die Augen und atmet langsam ein und aus ... ein und aus.

Hauptteil:
Du machst dich auf den Weg zur Bäckerei. Du öffnest langsam die Tür und trittst ein. Dabei spürst du den Boden unter deinen Füßen. Krümme deine Zehen und ziehe sie ganz fest zu dir heran. Lass jetzt schnell wieder locker und mache es noch einmal. Krümme deine Zehen. Lass nun wieder locker und schüttle deine Beine aus. Lege deine Beine nun wieder ganz ruhig auf den Boden und spüre, wie die Anspannung davonschwebt. Du läufst durch den Eingangsraum der Bäckerei und siehst am anderen Ende des Raumes eine weitere Tür. Du musst durch diese Tür hindurch gehen, um zu dem Teig zu gelangen. Die Tür ist heute aber irgendwie sehr schmal und eng, du passt so nicht hindurch und muss dich ganz dünn machen. Zieh deinen Bauch ganz fest ein. Spann den Bauch fest an und mach dich dünn. Atme dabei weiter ruhig ein und wieder aus. Lass jetzt schnell wieder locker. Gleich ist es geschafft, dann bist du durch die Tür hindurch, nur noch ein

kleines Stück. Versuch es noch einmal und zieh deinen Bauch ein. Jetzt kannst du wieder locker lassen. Endlich hast du deinen Brotteig erreicht, den wirst du heute backen. Doch was ist das? Hier ist ja total Unordnung, irgendjemand hat hier alles unordentlich gelassen. Du schaust verärgert drein. Spanne dein ganzes Gesicht an und ziehe eine Grimasse, so als ob du richtig wütend bist. Dann lockere dein Gesicht wieder.

Wer hat dieses Durcheinander so hinterlassen? Ein fragender Blick macht sich in deinem Gesicht breit. Ziehe die Augenbrauen nach oben und leg die Stirn in Falten. Lass anschließend wieder locker und spüre, wie sich dein Gesicht wieder entspannt. Atme ruhig und entspannt weiter, ein und aus. Er bringt ja jetzt nichts, verärgert zu sein. Deshalb freust du dich jetzt auf das Backen. Es macht großen Spaß, den Teig zu kneten, man kann damit viele tolle Dinge formen. Ziehe jetzt einen Mundwinkel nach oben, so als ob du lächelst. Lass den Mundwinkel einen Augenblick nach oben gezogen, lass anschließend wieder locker und entspanne den Mund. Entspanne dein Gesicht und spüre, wie es warm wird. Atme weiter langsam und entspannt ein und aus.

Der Teig war in Kisten gepackt. Damit du endlich backen kannst, müssen die Kisten wieder in den Raum nach nebenan gebracht werden. Und die Kisten sind echt schwer. Doch du bist stark und hast viel Kraft in deinen Armen. Winkel deinen Arm an, spanne den Oberarm feste an. Nun lass schnell wieder locker und atme wieder ruhig und entspannt weiter. Winkel nun auch den anderen Arm an und spanne den Oberarm feste an. Lass anschließend wieder locker und legen den Arm wieder neben deinen Körper. Zum Tragen der schweren Kiste brauchst du aber beide Arme. Winkel deshalb jetzt beide Arme an und spanne beide Oberarme feste an, zeige wie stark du bist. Atme ruhig weiter. Jetzt die Arme wieder schnell entspannen und leicht ausschütteln. Nun kannst du die Arme wieder neben dich auf den Boden legen.

Du spürst die warme Energie, die durch deine Arme strömt. Du hast jetzt den Schlüssel von der Tür entdeckt und kannst so ganz einfach mit der Teigkiste in den Backraum gehen, ohne dich noch einmal durch die Tür zu quetschen. Du stehst jetzt vor dem Schrank mit der Arbeitsfläche und holst ein Stück vom Teig aus der Kiste. Als Erstes musst du nun den Teig richtig ordentlich durchkneten und rollen. Balle deine Hand zu einer Faust und spanne sie an. Stelle dir den Teig in deiner Hand vor, den du feste zusammendrücken musst. Jetzt lass den Teig wieder schnell los und strecke deine Finger ganz aus. Schüttle jetzt deine Hand etwas aus und lege sie wieder neben deinen Körper.

Du spürst wieder die warme Energie, die durch deine Hand strömt. Knete jetzt den Teig auch noch mit der anderen Hand. Balle die Hand wieder feste zur Faust und knete den Teig. Lass nun wieder schnell los und entspanne die Hand und mach die Finger lang. Schüttle die Hand und lege die Hand wieder neben dich auf den Boden. Auch durch diese Hand spürst du wieder die Wärme der Energie fließen. Das Brotbacken geht gut voran, nun muss der Teig nur noch in den Ofen, damit das Brot knusprig braun gebacken wird. Du riechst schon den Duft des frischen Brotes. Der ganze Raum füllt sich mit dem leckeren Geruch. Lege deine Nase in Falten und kräusle sie dabei. Lass wieder locker und entspanne deine Nase. Während du den Duft des frischen Brotes riechst, atmest du ruhig und entspannt weiter. Atme ganz tief ein und wieder aus.

Die Arbeit ist für heute erst mal erledigt und dein Blick geht zum Fenster. Du siehst die helle und warme Sonne hineinscheinen und den großen Baum, der draußen vorm Fenster steht. Der Baum steht dort ganz ruhig und fest im Boden verwurzelt. Jetzt stellst du dir vor, du wärst dieser große Baum und spanne dabei deinen ganzen Körper an. Mach dich fest wie der Baum vor dem Fenster. Atme dabei ruhig weiter ein und aus. Lass nun wieder locker und spüre, wie die warme Energie deinen ganzen Körper durchströmt.

Jetzt ist es geschafft, dein Arbeitstag ist vorüber und du gehst ganz entspannt zurück nach Hause. Komm nun langsam mit deinen Gedanken wieder in den Raum zurück, mach dich ganz lang und strecke dich aus. Strecke die Arme weit nach oben und mach die Beine ganz lang. Öffne langsam wieder deine Augen.

2. Das Drachenkind ‚Darko'

2.1 Der kleine Drache lernt das Fliegen

Einstieg: Vor vielen, vielen Jahren lebte einmal ein kleiner Drache, der noch ganz jung war. Sein Name war Darko. Und obwohl er noch so klein und jung war, war er mutig wie ein großer, erwachsener Drache. Eines Tages wollte Darko gerne mit seinem Lehrmeister auf Nahrungssuche gehen. Der Lehrmeister war sehr erfreut über Darkos Eifer und antwortete freundlich, dass er, bevor er mit zur Jagd gehen könne, zwei Disziplinen lernen und beherrschen müsse: Das Fliegen und das Feuerspucken. Beim Üben der beiden Disziplinen müsse sich Darko immer an die fünf goldenen Regeln halten:

1. Ruhig sein!
2. Geduldig sein!
3. Die Kräfte sparsam einsetzen und nur die Muskeln benutzen, die wirklich gebraucht werden
4. Immer wieder üben
5. Ratschläge und Anweisungen befolgen

Stolz und mutig sah der kleine Drache zu seinem Meister auf und nickte. Willst du wissen, wie sich der kleine Drache Darko auf seine Prüfungen vorbereitet und ob er sie auch besteht? Denn nur so darf er mit zur Jagd gehen.

Stellt dir nun vor, du bist der kleine Drache Darko und beginnst mit dem Training. Heute ist dein erster Tag und du trainierst mit dem Drachenlehrmeister. Als Erstes wirst du die Disziplin „Fliegen" lernen.

Du musst dabei vom Berg heruntersausen und im Slalom, um die Bäume zu fliegen, um am Ende ganz genau an einer bestimmten Stelle zu landen. Doch bevor du mit dem Training beginnst, erinnert dich der Lehrmeister noch einmal an die fünf goldenen Regeln. Anschließend machst du deine Flügel bereit für den Flug. Du setzt sich bequem und hältst den rechten Flügel (Arm) still neben deinem Körper. Dann ballst du die Hand zur Faust und hältst die Spannung bis ich von drei runtergezählt habe: drei, zwei, eins. Jetzt entspannst du deinen Flügel wieder. Lass den Flügel locker hängen und atme dabei mit geschlossenen Augen tief ein und wieder aus. Du spürst jetzt wie sich dein Flügel (Arm) ganz anders und schön warm anfühlt. Balle nun auch den linken Flügel (Arm) zu einer Faust und halte die Spannung bis ich von drei runtergezählt habe: drei, zwei, eins. Entspanne den Flügel wieder, lass ihn locker hängen, atme ruhig und tief ein und aus und spüre die warme Energie, die hindurchfließt.

Nun beginnt das Fliegen. Du stehst an einem Berg und springst hinunter in die Tiefe. Das ist ein tolles Gefühl. Ziehe deine Schultern hoch, ganz nach oben bis zu den Ohren, damit du noch schneller wirst. Halte die Schultern so, bis ich von drei runtergezählt habe: drei, zwei, eins. Um abzubremsen, musst du deine Schultern wieder entspannen. Lasse sie locker herunterhängen und atme langsam und tief ein und aus. Du spürst wieder eine warme Energie, die durch deine Schultern strömt.

Du fliegst direkt auf einen Baum zu und musst diesen umfliegen. Dazu musst du in den Kurven wieder schneller fliegen, doch dir weht ein starker Fahrtwind entgegen. Deshalb musst du deine Augen zusammenkneifen und so halten, drei, zwei, eins. Nun entspannst du deine Augen wieder und spürst auch hier wieder die warme Energie in deinen Augen.

Oh je, ein kurzes Stück vor dir fliegt ein Fliegenschwarm. Durch den musst du wohl hindurch fliegen. Du erinnerst dich an die fünf goldenen Regeln und bleibst ganz ruhig. Du presst deine Lippen zusammen, damit die Fliegen nicht in deinen Mund gelangen, und hältst die Lippen so, drei, zwei eins. Jetzt bist du durch den Schwarm durch und kannst deine Lippen wieder entspannen. Du spürst die Wärme durch deine Lippen fließen.

Super, du hast es geschafft, die Bäume im Slalom zu umfliegen, ohne dagegen zu fliegen. Dein Lehrmeister fliegt neben dir und sagt dir, dass du für die Landung deine Beine vorbereiten musst, um dein Gewicht besser abzufangen. Du spannst zuerst dein rechtes Bein und hältst die Spannung, drei, zwei, eins. Nun entspannst du dein Bein wieder und lässt es locker herunterhängen. Atme langsam und tief ein und aus und spüre wie die warme Energie durch dein Bein fließt. Jetzt spannst du auch dein linkes Bein an und hältst die Spannung, drei, zwei, eins. Entspanne nun auch das linke Bein und lass es locker herunterhängen. Atme langsam und tief ein und aus. Die warme Energie durchströmt wieder dein Bein.

Konzentriere dich nun darauf, auf der exakt vorgegebenen Stelle zu landen. Nimm Kurs auf das Ziel und lande genau in der Mitte des vorgegebenen Ziels. Du hast es geschafft. Du freust dich über den gelungenen ersten Flug. Er war nicht einfach, aber die fünf goldenen Regeln und dein Lehrmeister, der dir Anweisungen gegeben hat, welche Muskeln du anspannen und entspannen sollst, haben dir dabei geholfen. Der Lehrmeister gratuliert dir zu deinem gelungenen Flug: „Das hast du super gemacht und ich bin sehr stolz auf dich kleiner Darko.

Wenn du den Flug noch einige Male trainierst, wirst du die Flugprüfung ohne Probleme bestehen. Beachte nur immer die fünf goldenen Regeln, dann kann nichts schief gehen." Du bist sehr glücklich und kannst es kaum abwarten weiter zu trainieren. Jetzt lockerst du noch einmal alle Muskeln, um dich von der ganzen Aufregung zu erholen. Spanne noch einmal deinen ganzen Körper an und halte die Spannung, drei, zwei, eins. Jetzt entspanne wieder alle Muskeln und spüre, wie die warme Energie durch deinen gesamten Körper strömt.

2.2 Der kleine Drache lernt das Feuerspucken

Heute beginnt das Training für das Feuerspucken. Du bist deshalb mit dem Drachenlehrmeister verabredet. Ihr trefft euch vor einem riesigen Vulkan. Du hast nun die Aufgabe, wie ein Vulkan große Feuerbälle zu spucken. Doch bevor ihr mit dem Training anfangt, erinnert dich der Lehrmeister noch einmal an die fünf goldenen Regeln.

Der Lehrmeister sagt zu dir: „Tu so, als wärst du ein Vulkan. Ein Vulkan hat zwei Seiten, er kann ganz ruhig sein, aber auch sehr aktiv. Genau wie der Vulkan musst du dich in manchen Situationen auch ruhig oder eher aktiv verhalten. Sammle deine Kräfte in deinen Händen, damit du später genug Energie hast.

Du setzt dich ganz bequem hin und lässt deine beiden Flügel (Arme) ganz ruhig neben deinem Körper. Balle deine Hände zu Fäusten und halte die Spannung, drei, zwei, eins. Entspanne dich nun wieder und lass die Arme wieder ganz locker herunterhängen. Atme mit geschlossenen Augen tief ein und aus. Spüre wie sich deine Flügel warm anfühlen.

Du fühlst dich wie ein Vulkan – voller Kraft aber ganz ruhig. Jetzt erklärt dir der Lehrmeister, dass du für ein kraftvolles Feuerspucken die Schultern nach oben ziehen musst. Du konzentrierst dich auf deine Schultern und ziehst sie für kurze Zeit ganz nach oben bis zu den Ohren hoch. Warte bis ich von drei runtergezählt habe, drei, zwei, eins. Jetzt kannst du die Schultern wieder locker lassen und du merkst, wie sich deine Schultern ganz warm anfühlen. Atme entspannt tief ein und aus.

Doch plötzlich musst du husten und spuckst dabei versehentlich etwas Feuer. Du presst deine Augen kurz zusammen, um deine Augen vor der kleinen Flamme und dem Rauch zu schützen. Halte die Augen zusammengepresst, bis ich bis eins gezählt habe, drei zwei eins.

Dann entspannst du deine Augen wieder und spürst, wie warme Energie durch deine Augen fließt. Ein bisschen Rauch ist allerdings noch in der Luft, deshalb presst du die Lippen zusammen, damit kein Rauch in deinen Mund kommt. Halte den Mund zusammengepresst, drei, zwei, eins. Entspanne nun deine Lippen wieder. Du entschuldigst dich dafür bei deinem Lehrmeister und spürst, wie Wärme durch deine Lippen fließt. Der Drachenlehrmeister lächelt und sagt: „Das passiert mir auch immer wieder, das ist nicht schlimm. Konzentriere dich einfach weiter und bleibe ganz ruhig. Benutze für das Feuerspucken auch deine Beine, dann hast du mehr Kraft und dein Feuerball wird größer.“ Du bereitest deine beiden Beine für das Training vor. Du spannst nun beide Beine fest an und hältst die Spannung, drei, zwei, eins. Nun entspannst du deine Beine wieder und lässt sie locker herunterhängen. Du atmest mit geschlossenen Augen ganz ruhig und tief ein und aus. Du spürst, wie sich deine Beine warm anfühlen. Jetzt bist du bereit.

Du nimmst all deinen Mut zusammen und holst ganz tief Luft. Du springst hoch nach oben und spuckst einen riesengroßen Feuerball aus deinem Drachenmund. Das war vielleicht gerade ein tolles Erlebnis. Du hast es tatsächlich geschafft, auch wenn es nicht einfach war. Die fünf goldenen Regeln des Lehrmeisters haben dir dabei geholfen. Dein Lehrmeister kommt zu dir und gratuliert dir zu deinem tollen Feuerball. „Das hast du sehr gut gemacht und ich bin sehr stolz auf dich. Übe das Feuerspucken immer wieder und dann wirst du die Prüfung ohne Probleme bestehen." Der Lehrmeister verabschiedet sich nun von dir. Du bist sehr glücklich und kannst es kaum erwarten weiter zu trainieren. Wegen der ganzen Aufregung musst du nun erst mal deine ganzen Muskeln lockern. Spanne deinen ganzen Körper noch einmal feste an und halte die Spannung, drei, zwei, eins. Nun entspanne deine Muskeln wieder und spüre wie eine wohlige Wärme durch deinen ganzen Körper fließt.

2.3 Der kleine Drache macht seine Jagdprüfung

Heute ist der Tag der Prüfung. Für diesen Tag hast du sehr viel trainiert. Alle deine Freunde sind hier und auch deine Familie und dein Lehrmeister. Sie alle wollen dich anfeuern und dabei sein, wenn du deine Jagdprüfung bestehst. Die Prüfung läuft folgendermaßen ab: du musst zunächst den Berg hinunterfliegen und wie im Slalom um die Bäume fliegen. Dann musst du an einer ganz bestimmten Stelle landen und zum Schluss einen großen Feuerball spucken. Doch bevor die Prüfung beginnt, erinnerst du dich noch einmal an die fünf goldenen Regeln deines Lehrmeisters.

Nun musst du deine Flügel (Arme) für den Flug bereit machen. Du bist oben auf dem Berg und setzt dich bequem auf einen Stein. Deine beiden Flügel (Arme) sind ruhig neben dir. Du ballst deine Hände zu Fäusten und hältst die Spannung bis ich von drei runtergezählt habe: drei, zwei, eins. Nun entspannst du deine Hände wieder. Lass die Arme wieder ganz locker neben deinem Körper hängen und atme mit geschlossenen Augen ruhig und tief ein und aus. Du spürst, wie die warme Energie durch deine Arme fließt. Jetzt geht die Prüfung los. Du rennst bis zur Klippe und düst im Sturzflug hinunter. Wow, das ist ein tolles Gefühl. Du ziehst wieder deine Schulter ganz weit nach oben, bis zu den Ohren hoch, denn dadurch wirst du noch schneller. Halte die Schultern oben, drei, zwei, eins. Nun entspanne deine Schultern wieder und lass sie locker herunterhängen. Atme weiter ruhig tief ein und aus. Spüre wie sich deine Schultern ganz warm anfühlen.

Jetzt fliegst du auf die Bäume zu. Damit du diese umfliegen kannst, musst du in den Kurven mehr Geschwindigkeit bekommen. Der Flugwind bläst dir so stark entgegen, dass du deine Augen kurz zusammenpresst. Drei, zwei, eins, nun entspannst du deine Augen wieder und spürst die warme Energie in deinen Augen.

Nicht weit vor dir fliegt wieder ein Schwarm Mücken. Da musst du wieder durchfliegen. Du denkst an deinen Lehrmeister und bleibst ganz ruhig. Du presst deine Lippen zusammen, damit du keine Mücke in den Mund bekommst. Drei, zwei, eins, nun entspannst du deine Lippen wieder und spürst auch hier wieder die warme Energie.

Du hast es geschafft, die Bäume zu umfliegen, nun musst du noch genau auf der vorgegebenen Stelle landen. Für das Landen und das Feuerspucken bereitest du nun deine Beine vor. Du spannst die Beine kurz an und hältst die Spannung, drei, zwei, eins. Jetzt entspannst du deine Beine wieder und lässt sie locker herunterhängen. Atme mit geschlossenen Augen tief und ruhig ein und aus und spüre, wie die warme Energie hindurchfließt.

Nun fliegst du Richtung Ziel. Du konzentrierst dich und landest mit einem kraftvollen Flügelschlag direkt im vorgegebenen Ziel. Du atmest tief ein, springst hoch und spuckst einen riesengroßen Feuerball aus deinem Mund. Jetzt ist es geschafft. Du freust dich sehr über deine bestandene Prüfung. Alle Freunde, deine Familie und der Drachenlehrmeister kommen zu dir, um dir zu gratulieren. Du bist sehr glücklich. Der Drachenlehrmeister sagt dir leise, dass du morgen mit ihm zur Jagd gehen darfst und dass du dafür deine Muskeln noch einmal alle entspannen sollst. Du spannst also deinen ganzen Körper noch einmal kräftig an und hältst die Spannung, drei, zwei, eins. Dann entspannst du deinen Körper wieder, atmest mit geschlossenen Augen ruhig und tief ein und aus, und spürst wie eine warme Energie deinen ganzen Körper durchströmt. Jetzt bist du bereit für die große Jagd.

Weitere Entspannungsübungen

Neben Meditation und der progressiven Muskelentspannung gibt es noch viele weitere Möglichkeiten, Ihrem Kind etwas Entspannung zugutekommen zu lassen. Bei den folgenden Beispielen ist ganz sicher auch etwas Passendes dabei, was für Ihr Kind geeignet ist und auch Spaß macht.

Mit Grimassen zur Entspannung

Ihr Kind soll seine Hände vor das Gesicht halten und seine Augen schließen. Nun atmet es tief ein, so lange bis sich der Bauch nach vorne wölbt. Et atmet tief in den Bauch hinein. Dann hält es die Luft an und atmet langsam wieder aus. Dabei soll das Kind an ein schönes Erlebnis denken. Die Atemübung wird fünfmal wiederholt, immer wieder atmet das Kind tief in den Bauch ein und langsam wieder aus. Danach soll Ihr Kind hinter den geschlossenen Händen eine Grimasse ziehen. Durch diese Übung wird sowohl das Gesicht als auch der gesamte restliche Körper gelockert und entspannt.

Atme wie ein Gorilla

Stress und Anspannung wirken sich auch negativ auf die Atmung auf. Diese wird dadurch oberflächlicher. Gezielte Atemübungen beruhigen Ihr Kind und es kann lernen tief in den Bauch zu atmen. Ihr Kind kann sich dabei vorstellen, es wäre ein Gorilla. Das Kind atmet tief ein und brüllt beim Ausatmen laut wie ein Gorilla. Dabei trommelt sich das Kind auf die Brust, wodurch die Muskulatur am ganzen Körper gelockert wird. Durch das

Brüllen löst sich die mentale Anspannung ebenfalls.

Mit Ruhe zur Entspannung

Diese Übung ist sehr gut für Kinder geeignet, die noch jünger und eher unruhig sind. Erzählen Sie Ihrem Kind dabei folgende Geschichte:

Du stellst dir nun vor, du bist ein kleiner Tiger. Du bist ganz aufgeregt, weil du eine Biene in einer Blume entdeckt hast. Sie fliegt um die Blüte herum. Vor lauter Aufregung weißt du gar nicht was du jetzt machen sollst und stehst erst mal einfach nur ruhig da und lauscht und beobachtest die Biene. Atme ganz ruhig ein und aus, kleiner Tiger. Du hörst das leise Summen der Biene. Jetzt atmest du noch mal tief ein und wieder aus. Du setzt dich leise ins Gras und siehst, wie die Biene weiterfliegt und irgendwann in der Ferne verschwindet.

Durch die Geschichte wird Ihr Kind auf eine kurze Fantasiereise geschickt und kann so eine Pause vom hektischen Alltag genießen. Zusätzlich wird Ihr Kind durch die Atemübungen entspannt.

Bäumchen rüttle dich und schüttle dich

Mit Bewegung lässt sich am schnellsten und auf effektivste Art Stress abbauen. Vor allem Kinder, die sehr zappelig und unruhig sind, finden besser zur Ruhe, wenn sie sich zwischendurch austoben dürfen. Um zu viel Energie loszuwerden eignet sich folgende Übung besonders gut: Ihr Kind soll sich hinstellen und für eine Minute ganz locker auf der Stelle hüpfen. Schultern, Arme und Hände werden dabei geschüttelt. Anschließend werden die Schultern 30 Sekunden nach hinten und 30 Sekunden nach vorne gerollt. Jetzt hüpft ihr Kind wieder auf der Stelle für circa eine Minute und schüttelt dabei den ganzen Körper. Danach rollt ihr Kind den Kopf langsam von rechts nach links und von links nach rechts. Am Ende soll ihr Kind noch einmal eine Minute auf der Stelle hüpfen, sich schütteln und rütteln.

Traumreise für Kinder

Bei dieser schönen Übung legt sich Ihr Kind auf den Rücken und schließt die Augen. Eine weiche Unterlage und eine schöne Atmosphäre bilden den Rahmen. Sie erzählen eine Geschichte über das Segelboot und alles, was erzählt wird, kann sich Ihr Kind vorstellen und seiner Fantasie dabei freien Lauf lassen. Fragen, die Sie während der Geschichte stellen, sollen nicht beantwortet werden. Sie dienen lediglich als Denkanstoß, um sich die Geschichte bildlich vorstellen zu können. Zum Schluss holen Sie Ihr Kind langsam wieder in die Realität zurück.

Das Segelboot

Stell dir vor, du stehst am Wasser an einem wunderschönen Hafen. Es liegen viele Boote in ganz verschiedenen Größen in diesem Hafen. Ruhig schwanken sie auf dem Wasser hin und her. Die Masten der Bote klingeln leise vor sich hin, es hört sich an wie ein schönes Lied. Du riechst in der Luft den Duft des Meeres mit seinem salzigen Aroma. Der Himmel ist blau und es kreisen Möwen über dir. Aus der Ferne hörst du sie rufen. Hoch am Himmel steht die Sonne und scheint dir ins Gesicht, sie ist schön warm. Kannst du die Wärme der Sonne spüren? Du gehst den Hafen entlang und schaust dir die Boote an. Du siehst einen kleinen Holzsteg und betrittst ihn. Du gehst entlang bis zum Ende. Am Ende des Stegs siehst du ein kleines rotes Segelboot im Wasser liegen. Die Segel sind weiß und sie flattern im Wind. Siehst du das Boot? Du bleibst vor dem Boot stehen und kletterst an Bord. Du löst die Taue, mit denen das Boot am Steg befestigt ist. Das Boot schaukelt auf dem Wasser etwas hin und her. Dann fährt der Wind durch die Segel und das Boot fährt langsam los. Ganz langsam fährt das Boot aus dem Hafen hinaus. Vor dir siehst du nur die Weite des Meeres. Atme tief die frische Meeresluft ein und aus. Spürst du die frische Luft? Jetzt wird der Wind stärker und das Boot fährt immer weiter hinaus. Das Boot schwankt fröhlich auf den Wellen hin und her und du fühlst dich frei. Du fühlst dich frei und entspannt. Der Hafen liegt nun hinter dir und du fährst die Küste entlang. Von deinem Boot aus siehst du kleine Häuser, aus denen Menschen herausschauen. Sie winken dir freundlich zu und wünschen dir eine gute Fahrt. Du winkst ihnen zurück.

Stark wie ein Baum

Bei dieser Übung stellt sich Ihr Kind mit beiden Füßen fest auf den Fußboden. Ihr Kind stellt sich nun vor, es wäre ein Baum, der sich langsam im Wind hin und her bewegt. Nun zieht ein Sturm auf und die Bewegungen des Baumes werden immer stärker. Nun versuchte Ihr Kind, die Bewegungen so stark wie möglich auszuführen, die Füße müssen dabei aber weiterhin auf dem Boden bleiben. Der Wind lässt nun wieder nach und die Bewegungen werden auch wieder langsamer, bis sie letztendlich ganz aufhören.

Der Stein und zuhören

Sammeln Sie zusammen mit Ihrem Kind verschieden große Steine. Vielleicht gibt es in der Nähe einen See oder einen Teich, wo es sich anbietet. Setzen Sie sich zusammen ans Wasser und werfen Sie die Steine hinein. Ihr Kind soll genau hinhören, wie es sich anhört, wenn große oder kleine Steine ins Wasser fallen. Der Klang ist unterschiedlich. Nun soll sich Ihr Kind mit dem Rücken zum Wasser setzen und dabei die Augen schließen. Sie werfen jetzt nacheinander unterschiedlich große Steine ins Wasser und Ihr Kind soll anhand der Geräusche erraten, ob es sich jeweils um einen kleinen oder einen großen Stein handelt.

Yoga und Pilates mit Kindern

Yoga und Pilates tun nicht nur den Erwachsenen gut, auch für Kinder können die Übungen entspannend sein. Mit unterschiedlichen Übungen und Figuren können die Kinder zur Ruhe kommen. Dabei bestehen die Übungen aus einem Zusammenspiel von Anspannung und Entspannung der Muskeln. Der Wechsel zwischen den beiden Muskelübungen lockert und entspannt die Muskulatur, fördert die Durchblutung und wirkt sich positiv auf das Immunsystem aus. Außerdem verhelfen die Übungen zu einer guten und korrekten Körperhaltung und die Koordination, Ausdauer, Konzentration und Kraft der Kinder werden gefördert.

Beim Kinderturnen oder gemeinsam mit einem Elternteil macht das Ganze gleich doppelt Spaß. Auch Kinder, die schwächer oder etwas unsportlich sind, können die Übungen erlernen und profitieren von mehr Kraft und Beweglichkeit. Die Kinder lernen durch die Übungen und bestimmte Atemtechniken ihren Körper auf eine neue und andere Weise kennen. Dabei sind die Übungen schonend für die Gelenke und verbessern das Wohlbefinden und die Gesundheit des Kindes. Auch Fähigkeiten wie Kreativität und Ausgeglichenheit werden durch die Entspannungsübungen stark gefördert wodurch die Kinder ruhiger und weniger aggressiv werden.

KINDER-YOGA-ÜBUNGEN

Der Frosch

Stelle dich breitbeinig hin und gehe dann ganz tief in die Hocke. Beuge deine Oberkörper weit nach vorne. Dabei legst du deine Hände flach auf den Boden. Wenn du es schaffst, kannst du sogar deine Unterarme auf den

Boden legen. Achte aber darauf, dass deine Füße komplett, von der Ferse bis zu den Zehen, auf dem Boden stehen bleiben.

Der Gorilla

Diese Übung wurde bereits als Entspannungsübung aufgeführt und ist eine typische Yoga-Figur. Mit leicht auseinanderstehenden Beinen werden im lockeren Stand die Arme ausgebreitet und die Hände zu Fäusten geballt. Anschließend trommelt sich das Kind mit den Fäusten auf den Brustkorb und atmet, so tief es geht, ein. Beim Ausatmen brüllt das Kind dann so laut wie möglich.

Die Heuschrecke

Das Kind legt sich dabei flach auf den Bauch und ballt die Hände zu Fäusten. Die Fäuste werden unter die Oberschenkel geschoben. Anschließend hebt das Kind die Beine soweit wie möglich nach oben. Kopf und Schulter bleiben dabei nach unten gerichtet.

Der Hase

Bei dieser Übung setzt sich das Kind auf den Boden. Es nimmt dabei die Arme zwischen die Beine und hält dabei die Füße fest.

Blubber, der Fisch

Für diese Übung legt sich das Kind auf den Boden und presst die Fußsohlen aneinander. Die Knie lässt es dabei zur Seite fallen und die Hände kommen unter den Po. Nun wird der Rücken durchgebogen und der Kopf nach hinten auf den Boden gedrückt. Zum Schluss soll Ihr Kind ein „Fischmaul“ machen und regelmäßig ein- und ausatmen.

Die Katze

Ihr Kind stellt sich bei dieser Übung in den Vierfüßlerstand und streckt das rechte Bein nach hinten. Der linke Arm wird entgegengesetzt dazu nach vorne gestreckt. Nach einer kurzen Pause wird die Übung mit dem linken Bein und dem rechten Arm wiederholt.

Der Hahn

Bei dieser Übung setzt sich Ihr Kind in den Schneidersitz und legt dabei die Fingerspitze auf den Schultern ab. Die Ellenbogen werden wie Flügel nach vorne gerichtet. Die Arme werden nun gehoben und gesenkt. Bei jedem Ausatmen soll Ihr Kind wie ein Hahn krähen: „Kikirikiiiii".

Die Raupe

Hierbei legt sich Ihr Kind auf den Bauch und soll mit der Nasenspitze den Boden berühren. Die Hände stützen sich dabei neben den Schultern ab und die Füße sind angewinkelt. Jetzt soll Ihr Kind das Becken anheben.

Die Krähe

Diese Übung wird in der Hocke durchgeführt. Die Arme befinden sich dabei neben dem Körper und die Handflächen liegen flach auf. Wenn Ihr Kind die Position eingenommen hat, soll es sein ganzes Gewicht auf die Arme verlagern und den Körper nach vorne ausrichten. Dann die Füße langsam vom Boden heben.

Die Maus

Bei dieser Übung muss sich Ihr Kind mit geschlossenen Beinen hinknien. Dann soll es seinen Oberkörper nach vorne beugen und das Kinn oder die Stirn auf den Boden legen. Die Arme liegen dabei entspannt nach hinten gerichtet zu Füßen. Nun soll das Kind ganz ruhig ein- und ausatmen.

Die Brücke

Ihr Kind legt sich bei dieser Übung mit dem Rücken auf den Boden.

Anschließend werden die Hände neben den Kopf gesetzt, und zwar so, dass die Finger Richtung Füße zeigen. Nun soll Ihr Kind versuchen, sich mit aller Kraft mit Armen und Beinen nach oben zu drücken.

Die Blume

Um diese Übung durchzuführen, muss sich Ihr Kind mit angezogenen Beinen auf den Boden setzen. Die Arme werden unter den Knien hindurchgeführt und die Füße leicht vom Boden abgestoßen. Die Balance wird mit dem Po ausbalanciert.

Der Baum

Bei dieser Übung werden die Beine geschlossen und fest auf den Boden gepresst. Das rechte Bein wird angehoben und der Fuß so weit wie möglich nach oben gegen das linke Bein gedrückt. Die Hände werden dabei vor dem Oberkörper beziehungsweise der Brust übereinandergelegt. Beim Einatmen soll Ihr Kind die Arme dann nach oben über den Kopf strecken und dabei ganz ruhig und gleichmäßig ein- und ausatmen.

Tanzhaltung

Ihr Kind soll sich bei dieser Übung zuerst auf das rechte Bein stellen und das linke Bein dabei nach hinten abwinkeln. Nun wird die Fußspitze des abgewinkelten Beines mit der linken Hand umfasst und der rechte Arm wird gleichzeitig weit nach vorne ausgestreckt. Nun soll Ihr Kind versuchen, die Fußspitze des angewinkelten Beines nach oben zu ziehen, und den Oberkörper leicht nach vorne beugen.

Geburtstagskerze

Um diese Übung zu vollziehen, muss sich Ihr Kind zunächst flach auf den Boden legen. Die Beine werden gerade in die Höhe gestreckt. Das Gewicht liegt dabei auf den Schultern, der Brustkorb wird gehoben und das

Kinn eingezogen. Die Ellenbogen bleiben auf dem Boden liegen und die Hände stützen den Rücken. Füße dabei gerade ausstrecken. Körper und Beine bilden zusammen mit den Füßen eine gerade Linie, wie eine Kerze.

Fünf zählen

Bei dieser Übung setzt sich Ihr Kind in den Schneidersitz und atmet durch die Nase tief ein. Dabei zählt es mit den Fingern bis fünf. Anschließend soll Ihr Kind durch die Nase wieder ausatmen und rückwärts von fünf bis eins zählen. Bei jeder Zahl zieht Ihr Kind den Finger wieder ein.

Besondere Dreier-Kombi bei Konzentrationsschwierigkeiten

Vielleicht haben Sie den Eindruck, dass Ihr Kind möglicherweise Konzentrationsschwierigkeiten hat. Es lässt sich leicht und durch alles ablenken und kann sich nicht sehr lange auf eine bestimmte Sache konzentrieren. Vielleicht kann Ihr Kind dadurch auch mit Kindern im gleichen Alter nicht richtig mithalten, wodurch Ihr Kind frustriert ist. Es entsteht eine belastende Situation sowohl für Ihr Kind als auch für Sie. Gerade in unserer schnelllebigen Zeit mit Unmengen an Reizen, Geräuschen und Neuen Medien, mit denen die heutige Generation aufwächst, führen schnell zu Überforderung und zur Reizüberflutung bei Kindern. Durch diese Belastungen im täglichen Alltag kann es bei den Kindern zu Konzentrationsschwierigkeiten kommen, die in der Schule zum Problem werden können. Die Kinder können sich in der Schule nicht richtig konzentrieren und so dem Unterricht nicht richtig folgen, was zu Schwierigkeiten beim Lernen führt. Schlechte Noten und Frust sind das Ergebnis. Noch dazu verkürzt sich durch die Anspannung die Zeit, in der sich das Kind konzentrieren kann, immer mehr, und das Thema Schule wird zum Sorgenkind.

Für diesen Fall hat sich eine besondere Dreierkombination als Konzentrationsübung aus wirksamen Übungen, einem entspannten Konzentrationsritual und einer Perlen-Methode zur Motivation als sehr effektiv erwiesen. Durch diese Kombination können Lernschwierigkeiten besser überwunden und Noten verbessert werden. Durch eine Steigerung der Aufmerksamkeitsspanne können die Hausaufgaben schneller erledigt werden, und Ihr Kind lässt sich weniger ablenken. Sie helfen Ihrem Kind, indem Sie seine Konzentrationsfähigkeit spielerisch und mit Spaß verbessern. Dieses Training wird auch Pädagogen in Schulen und anderen Einrichtungen empfohlen.

DREIER-KOMBI TEIL 1: DIE ÜBUNGEN

Als Konzentrationsübungen können Sie alle bereits hier aufgeführten Spiele und Übungen verwenden.

DREIER-KOMBI TEIL 2: DAS KONZENTRATIONSRITUAL

Kinder mögen Rituale in allen Bereichen des Lebens. Die Wiederholungen und bekannten Abläufe geben ihnen Halt und Sicherheit, und sind eine Orientierungshilfe im Alltag. Um Abwechslung und Spaß beim Lernen und Üben zu haben und dabei die Motivation nicht zu verlieren macht es daher Sinn, auch in diesem Bereich ein Ritual einzuführen, ein Konzentrationsritual. Hierbei testen Sie mit Ihrem Kind zunächst erst mal die unterschiedlichen Konzentrationsübungen, um herauszufinden, welche davon Ihrem Kind besonders gefallen und Spaß machen. Die jeweiligen Übungen notieren Sie zum Beispiel auf bunten kleinen Kärtchen oder auch Zetteln, falten sie und legen sie dann alle in ein hübsches Gefäß, vielleicht ein buntes Glas, eine schöne Box oder in eine kleine Schatzkiste. Legen Sie anschließend ein regelmäßiges Intervall fest, an dem Ihr Kind eines dieser Kärtchen mit einer Konzentrationsübung aus dem Gefäß herausziehen darf, zum Beispiel immer montags und freitags. Für die Kinder ist dies immer wieder ein spannendes Ritual mit einem tollen Überraschungseffekt.

Die Übung, die das Kind aus dem Glas gezogen hat, wird nun täglich durchgeführt, am besten immer zur gleichen Zeit. Die Kinder können nun versuchen, Ihre Rekorde immer wieder zu brechen. Zum Beispiel können Sie bei der Übung „In der Stille liegt die Kraft“ die Zeit stoppen und mit dem entsprechenden Datum auf der Rückseite des Kärtchens notieren. Das Kind wird großen Spaß daran haben, zu versuchen, seinen Rekord immer wieder zu brechen.

Ist die festgelegte Übungszeit von beispielsweise einer Woche vorüber, wird das Kärtchen in ein zweites Gefäß gelegt, sodass es zunächst nicht noch einmal gezogen werden kann. Anschließend darf das Kind ein neues Kärtchen mit einer neuen Konzentrationsübung herausziehen und ein neues Intervall beginnt. Dieses Prozedere geht so lange, bis das erste Glas vollständig leer ist und das zweite gefüllt. Beim nächsten Durchgang muss das Kind versuchen, die auf der Rückseite der Kärtchen notierten Zeiten mit einem neuen Konzentrationsrekord zu überbieten, der ebenfalls auf dem Kärtchen notiert wird. So können Sie die Entwicklung und die Steigerung der Konzentrationsfähigkeit Ihres Kindes verfolgen und dokumentieren.

DREIER-KOMBI TEIL 3: DIE PERLEN-METHODE

Mit dieser tollen Methode können die Übungserfolge Ihrer Kinder sichtbar gemacht werden. Außerdem können Sie damit die Motivation Ihres Kindes steigern und aufrechterhalten, und Ihr Kind wird große Freude am Üben haben. Sie benötigen hierfür einige bunte Perlen, die Sie in jedem üblichen Bastelladen bekommen. Nach jeder erfolgreich absolvierten Übung oder auch bei einer Leistungssteigerung im Vergleich zum letzten Mal, bei der Durchführung der gleichen Übung, darf das Kind eine bunte Perle in ein Glas oder ein anderes durchsichtiges Gefäß werfen. Gerne können Sie Ihrem Kind auch jedes Mal freudig gratulieren. Mit Stolz und voller Freude wird Ihr Kind nach den Perlen greifen, wenn es wieder eine in das Glas werfen darf. Ist das Glas voll, wartet eine Belohnung auf Ihr Kind, es darf sich etwas wünschen. Doch besprechen Sie vorher mit Ihrem Kind, welche Belohnungen überhaupt machbar sind und legen Sie einige davon fest, von denen sich Ihr Kind dann was aussuchen kann. Das Gefäß mit den Perlen sollte einen gut sichtbaren Platz bekommen, zum Beispiel im Kinderzimmer, sodass Ihr Kind das Glas immer im Blick hat und sieht, wie viel es bereits geschafft hat. Ihr Kind wird es kaum abwarten können, das Glas mit weiteren Erfolgsperlen zu füllen und wird so durch Freude an den Übungen seine Leistungs- und Konzentrationsfähigkeit unbemerkt immer weiter verbessern und trainieren.

Noch ein Tipp:

Sollte Ihr Kind einmal nicht so konzentriert sein oder es klappt vielleicht mal etwas nicht, üben Sie keinesfalls Druck aus. Wichtig ist, Ihr Kind zu unterstützen, loben Sie Ihr Kind deshalb auch bei den kleinsten Erfolgen, denn wie heißt es immer so schön: Kleinvieh macht auch Mist. Und so werden auch mit den kleinsten Schritten irgendwann große Ziele erreicht. Doch dies funktioniert nur, wenn Ihr Kind die Motivation nicht verliert. Deshalb ist Lob ein wichtiger Punkt, damit Ihr Kind motiviert bei der Sache bleibt.

Die Lerntypen – Zu welchem Lerntyp gehört Ihr Kind?

Wie alles im Leben sind auch unsere Kinder sehr verschieden. Julia kann sehr gut mit Grafiken umgehen, Tim hingegen lauscht interessiert den Erklärungen des Lehrers. Jedes Kind hat andere Neigungen und Vorlieben und jedes Kind lernt anders. Wenn Sie einmal herausgefunden haben, zu welchem Lerntyp Ihr Kind gehört, können Sie sich darauf einstellen und dem Kind so gezielt beim Lernen helfen und es mit passenden Übungen unterstützen und fördern.

WAS VERSTEHT MAN UNTER „LERNTYPEN"?

Ob von sich selbst oder vom eigenen Kind, wer kennt die Situation nicht: Man lernt eine halbe Stunde lang etwas unter vermeintlich voller Konzentration, um dann festzustellen, dass trotzdem kaum irgendwas hängen geblieben ist. Die Erfahrung zeigt, dass der Zeitaufwand, um etwas zu lernen, meist nicht proportional zum Lernerfolg ist. Bei Kindern ist dies nicht anders. Dafür kann es verschiedene Ursachen geben, wie zum Beispiel Gedanken, die wandern, Unruhe und Lärm in der Umgebung, fehlende Motivation und vieles mehr. Doch ein ausschlaggebender Punkt ist auch die angewandte Lernstrategie, die für den Lernerfolg maßgeblich mitverantwortlich ist. Welche Lernstrategien dabei zum Erfolg führt, ist abhängig von den individuellen Vorlieben des Kindes, also von dem jeweiligen Lerntyp. Wie Sie den jeweiligen Lerntyp herausfinden, dem Ihr Kind angehört und wie Ihr Kind am besten lernen kann, wird im Folgenden erklärt. Durch die Ermittlung des Lerntyps kann Ihr Kind effizienter lernen und es muss nicht mehr

Zeit zum Lernen aufwenden als nötig.

Bereits vor mehreren Hundert Jahren riet Johann Amos Comenius (Theologe und einer der ersten Pädagogen) dazu, so viele Sinne wie möglich beim Lernen anzusprechen und zu benutzen. Da aber die Sinnesorgane von Mensch zu Mensch unterschiedlich ausgeprägt sind, verinnerlicht auch jeder Mensch Lernstoff auf unterschiedliche Art und Weise am besten. Im Allgemeinen spricht man hierbei von den sogenannten verschiedenen Lerntypen. Die jeweiligen Lerntypen gehen mit dem Einsatz unterschiedlicher Hilfsmittel zum Lernen einher und haben dadurch dann den größeren Lernerfolg.

Auch wenn es aus wissenschaftlicher Sicht keine Beweise oder Studien für das Bestehen der bestimmten Lerntypen gibt, so ist es doch sinnvoll einen genaueren Blick darauf zu werfen. Man kennt es vielleicht von sich selbst oder auch von anderen, die sich Dinge, die sie gehört haben, besser merken können. Andere Menschen lernen besser, indem sie sich Notizen oder Karteikarten machen. Wieder andere müssen das, was sie lernen erst einmal selbst getestet oder angefasst haben, ganz nach dem Motto „Learning by doing“. Jeder hat also seine individuellen Vorlieben, um Informationen und Lernstoff besser zu verinnerlichen und im Gedächtnis speichern zu können.

Es ist also sinnvoll den jeweiligen Lerntyp Ihres Kindes so früh wie möglich herauszufinden, damit die richtigen Lernstrategien gefunden werden können. Kreative Tipps, wie man am besten lernt, gibt es zu Genüge, doch effektiv wirksam, um einen Lernerfolg herbeizuführen, sind sie nur dann, wenn sie auch zum jeweiligen individuellen Lernstil und den Präferenzen passen. Auch wenn es wissenschaftlich gesehen „den einen einzigen Lernstil“ nicht gibt, so liegt grundsätzlich eine Mischung vor, wobei eine Präferenz fürs Lernen meist dominiert. Manche Kinder lernen beispielsweise besser, wenn sie eine Zusammenfassung des Lerninhaltes machen und entsprechen damit dem sogenannten „visuellen Lerntyp“. Anderen wiederum fällt das Lernen leichter, wenn sie den Lernstoff immer wieder wiederholen und sich dabei bewegen und zum Beispiel durchs Zimmer laufen. Dies wäre dann der „motorische Lerntyp“. Für jeden Lerntyp gibt es unterschiedliche Hilfsmittel, die Ihrem Kind das Lernen erleichtern können.

WELCHE LERNTYPEN GIBT ES?

1. Der visuelle Lerntyp

Bei diesem Lerntyp steht die visuelle Wahrnehmung im Vordergrund. Kinder, die zum visuellen Lerntyp gehören, können Inhalte besser speichern, indem sie Texte lesen und Schaubilder betrachten. Wenn Ihr Kind zum visuellen Lerntyp gehört, ist es für Ihr Kind hilfreich, den Lernstoff in Grafiken darzustellen. Auch Mind-Maps oder Lernposter können Ihrem Kind den Stoff besser veranschaulichen und zu einem besseren Lernerfolg führen. Lernhilfen für Kinder dieses Lerntyps sind außerdem Bücher, Skizzen, Bilder, Videos, Karteien, das Schreiben von Zusammenfassungen und die Verwendung von bunten Textmarkern, um wichtige Stellen zu markieren.

2. Der auditive Lerntyp

Beobachten Sie Ihr Kind beim Lernen einmal ganz genau. Vielleicht können Sie feststellen, dass Ihr Kind bei Lernen und Lesen des Inhaltes die Lippen mitbewegt. Oder haben Sie schon öfter bemerkt, dass Ihr Kind eine schnelle Auffassungsgabe hat? Dann sind dies zwei mögliche Anzeichen dafür, dass Ihr Kind ein auditiver Lerntyp ist. Kinder, die zu diesem Lerntyp gehören, können am besten lernen, indem sie einfach zuhören. Daher macht ihnen der klassische Frontalunterricht auch nichts aus und die Kinder kommen gut damit zurecht. Wichtig für diesen Lerntyp ist eine ruhige Umgebung beim Lernen und sie sollten Texte am besten immer laut lesen. Eine gute Idee ist auch, wenn Ihr Kind die Texte laut liest und sie dabei aufnimmt. So hat Ihr Kind den Text immer auditiv zur Verfügung und kann ihn abhören.

Unterstützung und Hilfe für diesen Lerntyp bieten zum Beispiel

Aufnahmen, Gespräche, Vorträge oder auch Inhalte, die in Musik verpackt sind.

3. Der motorische Lerntyp

Dieser Lerntyp ist der klassische Praktiker. Er arbeitet ganz nach dem Motto „Learning by doing". Kinder dieses Lerntyps lernen am besten, wenn Sie selbst anpacken und ausprobieren dürfen. Dadurch speichern Sie am schnellsten die gelernten Informationen ab. Außerdem brauchen diese Kinder beim Lernen zusätzlich etwas Bewegung.

Wenn Sie bei Ihrem Kind beobachten, dass es durch das Zimmer läuft oder sogar mit dem Stuhl herumkippelt, dann verdonnern Sie es nicht auf dem Stuhl zum Stillsitzen. Es ist in dem Fall kein Zeichen für unkonzentriertes Lernen, im Gegenteil. Unterstützen Sie Ihr Kind beim Lernen, zum Beispiel mit anschaulichen Modellen, Experimentierkästen oder aus Rollenspielen. Zusätzliche Lernhilfen bieten Bewegung nach Rhythmus, Nachmachen von Dingen oder Aktivitäten gemeinsam in der Gruppe.

4. Der kommunikative Lerntyp

Das Sprechen und der Austausch mit anderen ist für diesen Lerntyp das A und O. Das Sprechen über den Lerninhalt führt hier zum besten Lernergebnis, und erklären und diskutieren sind seine Leidenschaft. Für Kinder dieses Lerntyps ist das Lernen in einer Gruppe von Vorteil, um effektive Lernerfolge zu erzielen.

Vielleicht gibt es Freunde, die so ähnlich gut lernen können und zum gemeinsamen Lernen mit Ihrem Kind bereit sind. Auch Rollenspiele, Interviews oder Quizspiele sind für diesen Lerntyp hervorragend geeignet und bringen Spaß. Außerdem sind Dialoge, Diskussionen, Lerngruppen und Frage-Antwort-Spiele praktische und effektive Lernhilfen für diese Kinder.

PRAKTISCHE UND EFFEKTIVE TIPPS UND LERNMETHODEN FÜR JEDEN LERNTYP

Tipps und praktische Lernhilfen für den visuellen Lerntyp

So wie es beispielsweise beim Sport Profis für Sprint oder Marathon gibt, die passend dazu verschiedene Anreize und Übungen benötigen, so kann es auch für Sie und Ihr Kind enorm hilfreich sein, zu wissen, welchem Lerntyp es angehört. Denn so können Sie die passenden individuellen Strategien entwickeln, um bei Ihrem Kind effektives und erfolgreiches Lernen zu ermöglichen. Für visuelle Lernkinder sind zum Beispiel anschauliches Bildmaterial und eigene Notizen sehr von Vorteil. Ihr Kind sollte sich während des Unterrichts daher immer eine eigene Mitschrift durch Notizen anfertigen, die es dann zu Hause immer wieder nachlesen kann. Wichtig für diesen Lerntyp ist auch, dass der Arbeitsplatz so wenig visuelle Reize und Ablenkung bietet wie möglich. Daher sollte der Arbeitsplatz immer aufgeräumt sein, um optische Ablenkungen aus dem Weg zu räumen. So können Sie die Konzentration Ihres Kindes fördern und Ihr Kind wird durch nichts abgelenkt. Denn nichts stört den visuellen Lerntyp mehr als Unordnung um ihn herum.

Die Theorie der Lerntypen ist jetzt vermutlich deutlich geworden, nun geht es um die praktische Umsetzung, die Ihrem Nachwuchs beim Lernen helfen kann. Die folgenden fünf Beispiele sind praktische Methoden für effektives Lernen für den visuellen Lerntyp.

1. Verbildlichen

Für den visuellen Lerntyp sind anschauliche Dinge und Bilder das wichtigste aller Lernmittel. Damit sind Bilder jeder Art gemeint, wie zum Beispiel Poster, Grafiken, Tabellen, Bilder, die auf die Tafel gezeichnet wurden und alle möglichen Darstellungen über Projektoren. Dabei ist es nebensächlich, ob die Bilder von dem Lehrer beziehungsweise der Lehrerin, aus einem Schulbuch, aus dem Internet stammen, oder von dem Kind selbst gezeichnet wurden. Das Wichtigste für Ihr Kind ist dabei, dass die Inhalte übersichtlich und verständlich visualisiert werden. Am effektivsten lernt Ihr Kind, wenn es die Bilder, Grafiken oder Darstellungen selbst erstellt, denn dies fördert den Lernprozess zusätzlich. Durch das selbstständige Erstellen von visuellen Hilfsmitteln setzt sich das Kind bereits ganz automatisch mit dem Lerninhalt auseinander, filtert, interpretiert und verarbeitet dabei gleichzeitig den Inhalt. Ihr Kind kann zum Beispiel aus einem Text ein Lernposter oder eine Mind-Map anfertigen.

2. Eselsbrücken im Kopf bilden

Alles, was man hört und liest, regt die Fantasie an. Es wird im Kopf quasi visualisiert und es entstehen Bilder dazu. Gerade beim visuellen Lerntyp spielt sich dieser Prozess beim Lernen sehr intensiv ab, wodurch er sich praktischerweise den Lernstoff besser merken kann. Durch das eigenständige Lesen und Hören des Stoffes, erstellt sich Ihr Kind seine eigenen Hilfen und Eselsbrücken im Kopf, die hängen bleiben.

3. Notizen und Karteikärtchen

Eine ganz einfache und klassische Lernmethode für den visuellen Lerntyp sind Karteikärtchen, die zum Beispiel häufig beim Lernen von Vokabeln zum Einsatz kommen. Wer noch visueller werden möchte, kann die entsprechende Gegenstände sogar mit Klebezetteln beschriften, zum Beispiel das englische Wort „window“ für Fenster. Dadurch entsteht gleich eine visuelle Verbindung des Wortes mit einem Objekt und Ihr Kind hat immer direkt ein Bild vor Augen. Natürlich sind die Karteikärtchen vielseitig und flexibel auch für andere Schulfächer und Lerninhalte bestens geeignet, und eine hervorragende Gedächtnisstütze.

4. Dokumentationen und Lernvideos

Filme kommen bei Kindern immer gut an. Mit einem Film zur Abwechslung, der zum Lernstoff passt, können Sie Ihren Nachwuchs ganz sicher vom Schreibtisch weglocken. Zum Beispiel können Sie passend zum

Thema eine anschauliche Dokumentation über geschichtliche Themen, Hexen oder über naturkundliche Dinge schauen. Die Abwechslung zum langweiligen Schulbuch wird Ihrem Kind garantiert gefallen und gleichzeitig kann es dabei etwas lernen und die Thematik anschaulich verinnerlichen. So hat man eine Win-Win-Situation für alle: keine Diskussion um das Lernen, der Lernstoff bleibt nachhaltiger hängen und Ihr Kind ist glücklich. Und in der heutigen Zeit bieten das Internet und auch Streaming-Dienste wie YouTube oder NETFLIX, eine enorme Vielzahl an Möglichkeiten für alle Themen die passenden Filme und Dokumentationen zu finden. Auch Fragen zur Thematik können durch solch anschauliches Material oft geklärt werden.

5. Auch die Ohren lernen mit

Es wird nun deutlich, dass die Grenzen zwischen den jeweiligen Lerntypen ineinander übergehen und somit fließend sind. Diese Tatsache kann man durchaus positiv für den Lernerfolg nutzen. Je mehr Sinne in den Lernprozess mit einfließen und benutzt werden, desto besser. Der visuelle Lerntyp kann Inhalte und Informationen zum Beispiel gut über eigene Notizen auffassen und speichern. Oftmals liest man sich dann den Text auch noch laut vor, sodass auch das Gehör (auditiv) zum Lernen genutzt wird. Außerdem können visuelle Lerntypen auch sehr gut die Lernmethoden des kommunikativen Lerntyps miteinbeziehen, indem sie sich zum Abfragen der Karteikärtchen einen Lernpartner dazu holen. So kann das Lernen mit den Karteikärtchen als Quiz gestaltet werden. So kann Ihr Kind spielerisch den Lernstoff aufnehmen und bleibt motiviert.

Tipps und praktische Lernhilfen für den auditiven Lerntyp

Gehört Ihr Kind diesem Lerntyp an, nimmt es besonders gut Dinge auf, die es hört. Egal ob es sich um einen Vortrag, Musik, Hörbücher oder auch Gespräche handelt, die Ohren spielen hier für den Lernerfolg eine große Rolle. Daher haben Sie mit dem klassischen Unterricht, bei dem man zuhören muss, keine Probleme. Kinder, die über das Hören gut lernen, haben die Fähigkeit mündliche Vorträge schnell aufzufassen und abzuspeichern.

Wenn Ihr Kind also im Unterricht gut zuhört, spart es sich vermutlich einiges an Zeit beim Lernen für die nächste Klassenarbeit. Und für den Rest, der dann doch nicht hängen bleibt, gibt es passende Methoden und Tipps zum Lernen.

Für Kinder, die zum auditiven Lerntyp gehören, ist das Ohr das wichtigste Organ. Daher lassen sie sich sehr leicht und schnell von Geräuschen jeglicher Art, egal ob Gespräche oder Musik, ablenken. Um dies zu vermeiden, sollte eine ruhige Lernumgebung gewährleistet sein. Musik im Hintergrund sollte ausgeschaltet werden.

1. Laut lesen

Um sich auf die nächste Klassenarbeit gut vorzubereiten, könnte es für Ihr Kind hilfreich sein, sich Texte laut vorzulesen. Dabei ist es egal, ob die Texte aus den Schulbüchern oder Arbeitsheften stammen oder als Vokabeln im Vokabelheft stehen. Eigene Notizen gehören natürlich ebenfalls dazu. Durch das laute Vorlesen wird das Gehör besonders in den Lernprozess eingebunden und das Gelesene so besser aufgenommen. Um etwas Abwechslung oder Unterstützung in den Lernalltag zu bringen, können auch Eltern oder Geschwister Texte vorlesen.

2. Auditive Medien oder Hörbücher nutzen

Eine durchaus praktische Lernhilfe für auditive Lerntypen bieten Hörbücher, denn hierbei wird das Gehör besonders angesprochen. Vor allem im Bereich der Fremdsprachen kann man auf eine Vielzahl toller Hörbücher zurückgreifen. Noch dazu bietet das Anhören von Geschichten eine tolle Abwechslung zum trägen Lernalltag und es wird sich so für Ihr Kind nicht nach Lernen anfühlen. Handelt es sich um Themen, für die es keine passenden Hörbücher gibt, kann sich Ihr Kind sein eigenes Hörbuch erstellen. In der heutigen multimedialen Zeit kann sich Ihr Kind zum Beispiel einen Text aus dem Schulbuch ganz einfach per Tonaufnahme in das Smartphone sprechen und abspeichern. So kann es den Text immer wieder anhören und vertiefen. Auch Lern-CDs eignen sich sehr gut zum Lernen für den auditiven

Lerntyp.

3. Ohrwürmer

Auch wenn laute Musik oder Hintergrundmusik für den auditiven Lerntyp beim Lernen eher störend ist, so kann man den Rhythmus bestimmter Klänge durchaus auch zum Lernen nutzen und miteinbeziehen. Zum Beispiel kann man über Rhythmen Vokabeln gut lernen. Ein Beispiel für Lernen durch Rhythmus und Musik ist das bekannte ABC-Lied. So gelangen Themen schneller und einfacher ins Ohr und bleiben im Gedächtnis, ganz so wie mancher Ohrwurm.

4. Einen Vortrag halten

Wenn das Gelernte schon relativ gut im Gedächtnis sitzt, kann man das Ganze noch vertiefen, indem man einen kleinen Vortrag für die Familie vorbereitet. Wenn die Zeit passend ist, kann Ihr Kind dann einmal alles erklären und erzählen, was es an diesem Tag alles gelernt hat. Der Vorteil dabei ist, dass Ihr Kind noch bestehende Wissenslücken aufdeckt und diese entsprechend und gezielt füllen kann.

5. Fließender Übergang der Sinne

Wenn Sie den passenden Lerntyp bei Ihrem Kind ermittelt haben, sollten Sie Ihr Kind jedoch nicht nur auf diesem einzigen Typ festnageln. Wie bereits erklärt, fließen immer mehrere Typen mit ein und das ist auch gut so, den man lernt am erfolgreichsten, wenn man dabei so viele Sinne wie möglich nutzt. Wenn Ihr Kind also Karteikärtchen erstellt, um so visuell Vokabeln zu lernen, und diese Kärtchen in einem Sprachmemo vertont, werden Auge und Gehör gleichzeitig genutzt und somit zwei Sinnesorgane angesprochen. Dies fördert den Lernprozess gleich doppelt.

Tipps und praktische Lernhilfen für den motorischen Lerntyp

Dieser Lerntyp profitiert beim Lernen am ehesten durch Anfassen und Ausprobieren. Wenn das bei Ihrem Kind auch so ist, dann gehört es vermutlich zu diesem Lerntyp. Die Kinder dieses Lerntyps lernen ganz nach dem Motto „Learning by doing“. Für manche Menschen erscheint dieser Lerntyp möglicherweise unruhig, doch es ist durchaus nicht ungewöhnlich, dass Ihr Kind beim Lernen vielleicht auf und ab geht oder bei Lesen vielleicht auf dem Stuhl herumkippelt. Wer dem motorischen Lerntyp angehört, möchte am liebsten alles selbst ausprobieren und die Funktionen und den Sinn aller möglichen Dinge verstehen.

Damit Ihr Kind als motorischer Lerntyp am besten lernen kann, ist Bewegung unerlässlich. Ihr Kind möchte sich bewegen und dabei anwenden, anfassen und herumexperimentieren. Um das Lernen hier etwas zu vereinfachen, können folgenden Methoden ausprobiert werden:

1. Lernen durch Anfassen

Als die Praktiker unter den Lerntypen, können die motorischen Lerntypen den Lernstoff am besten aufnehmen und verinnerlichen, indem sie ihn selbst nachempfinden. Bestimmte naturwissenschaftliche Ereignisse zum Beispiel, lassen sich hervorragend durch Experimentierkästen nachstellen und begreifen. Doch auch wenn es um Grammatik oder Rechtschreibung geht, kann man motorisch nachhelfen. Zum Beispiel durch eine Runde Scrabble spielen. Überlegen Sie generell immer, ob es irgendwie möglich ist, den Lernstoff zu veranschaulichen. Beispielsweise durch einen Ausflug in die Natur, den Besuch eines Museums oder durch das Herstellen eines passenden Modells.

2. Bewegung muss sein

Nicht jeder Lerninhalt lässt sich praktisch verarbeiten oder darstellen, und ist manchmal doch sehr theoretisch und abstrakt. Dann ist es wichtig, dass der motorische Lerntyp beim Lernen in Bewegung bleibt. Eine Möglichkeit ist, beim Lernen rhythmisch in die Hände zu klatschen. Alternativ kann Ihr Kind auch während des Lernens Grimassen schneiden oder einfach etwas im Raum herumspazieren. Hauptsache, Ihr Kind muss nicht stillsitzen und kann seinem Bewegungsdrang folgen, denn dann kann es den

Lernstoff am besten verinnerlichen.

3. Learning by doing

Nur wenn Inhalte auch praktisch wiederholt werden können, bleiben sie auch in Erinnerung. Am besten ist es daher, wenn Ihr Kind den Lernstoff auch direkt anwenden kann. Vielleicht bietet die Schule Ihres Kindes ja eine Werkstatt an, in der der Schulstoff praktisch nachgearbeitet werden kann. Auch Fremdsprachen prägen sich besser ein, indem man die Sprache nicht nur lernt, sondern auch immer wieder praktisch anwendet. Vielleicht gibt es ja die Möglichkeit mit ausländischen Schülern zu chatten, skypen oder telefonieren. Auch ein Schüleraustausch käme für den motorischen Lerntyp in Betracht.

4. Rollenspiele und Arbeit in Gruppen

Der motorische Lerntyp lernt, ähnlich wie der kommunikative Lerntyp, auch sehr gut zusammen mit anderen in einer Gruppe. Und wenn irgendwie Bewegung integriert ist, verhilft das zu einem gefestigteren Lernerfolg. Auch Experimentierkästen kann man sehr gut gemeinsam als Gruppe nutzen.

5. Fließender Übergang

Auch hier verschwimmen wieder die Grenzen zwischen den einzelnen Lerntypen. Beim Scrabble spielen zum Beispiel, werden die Worte nicht nur motorisch wahrgenommen, sondern gleichzeitig auch visuell. Rhythmus und Melodien werden auch vom auditiven Lerntyp zum Lernen genutzt und der kommunikative Lerntyp lernt besser durch das Sprechen mit anderen. Beim motorischen Lerntyp steht eben die praktische Anwendung dabei im Vordergrund. Es ist also nicht sinnvoll, Ihr Kind nur auf einen einzelnen Lerntyp festzulegen, sondern die Mischung macht es letztendlich.

Tipps und praktische Lernhilfen für den kommunikativen Lerntyp

Wenn Ihr Kind gut durch Sprechen mit anderen, also über Kommunikation lernt, gehört es zu dem kommunikativen Lerntyp. Dies bedeutet allerdings nicht, dass Ihr Kind den Unterricht durch Schnattern stört, sondern dass es sich rege durch Mitarbeit und Diskussionen am Unterricht beteiligt. Auch eignen sich für den kommunikativen Lerntyp Gruppenarbeiten sehr gut, um den Lerninhalt aufzunehmen. Damit Ihr Kind Anregung für effektives Lernen bekommt, können die folgenden Methoden ausprobiert werden:

1. Austausch mit einem Lernpartner

Da sich Ihr Kind Lernstoff am besten merken kann, indem es Fragen stellt und erklärt, empfiehlt es sich, zusätzlich mit einem Lernpartner zu lernen. Man könnte also einen bestimmten Tag festlegen, an dem sich Ihr Kind mit einem Freund oder einer Freundin trifft und über den Lernstoff spricht. Dabei können die Kinder sich gegenseitig bei Fragen oder Problemen helfen und der Stoff bleibt automatisch im Gehirn hängen. Ein weiterer positiver Effekt ist die entspanntere Umgebung als in der Schule.

2. Rollenspiele

Durch Rollenspiele wird das Lernen mit Spaß und Spiel verbunden. Hierfür ist natürlich ein Lernpartner notwendig, mit dem man beispielsweise Themen und Inhalte in einem Interview nachstellen kann. Ihr Kind übernimmt dabei die Rolle einer berühmten Person und muss die Fragen zum Lernstoff beantworten. Die Rollen können anschließend getauscht werden. Man kann den Lernstoff auch als YouTube-Video nachstellen und den Schulstoff ganz „cool“ darin erklären und darstellen. Ebenfalls geeignet sind Gruppendiskussionen. Auch hierbei kann jeder Teilnehmer nach Belieben in eine andere Rolle schlüpfen. Von der Rolle eines Moderators, über Experten bis hin zu Laien, der Fantasie ist keine Grenzen gesetzt.

3. Quiz-Duell

Bei einem Quiz kann der kommunikative Lerntyp ebenfalls auf spielerische Art und Weise lernen und sich den Lernstoff einprägen. Dazu können Fragen für den Quizmaster auf Karteikärtchen geschrieben werden, mit denen der andere abgefragt wird. Das Ganze findet immer im Wechsel statt, zum Beispiel nach jeder fünften Frage. Man kann als Motivation auch einen kleinen Preis vergeben für den Spieler, der die meisten Fragen richtig beantwortet hat.

4. Kommunizieren in der digitalen Welt

In der heutigen digitalen Welt gibt es zahlreiche Möglichkeiten zu kommunizieren, auch wenn der Lernpartner nicht persönlich dabei ist. Es gibt Schulforen, Skype und Chats, worüber sich Ihr Kind mit anderen Kindern über aktuelle Lernthemen austauschen kann. Besonders gut eignet sich dies für das Lernen und Vertiefen von Fremdsprachen mit einem Schüler aus einem anderen Land.

5. Fließende Grenzen

Wie auch bei den anderen Lerntypen, sind auch hier die Grenzen zu den anderen Lerntypen fließend. Niemand gehört nur einem einzigen Lerntyp an, es gibt nur eine Präferenz in eine bestimmte Richtung. Von daher ist ein Mix mehrerer Lerntypen denkbar und auch sinnvoll, denn je mehr Sinne beim Lernen angesprochen werden, umso besser. Rollenspiele haben zum Beispiel motorische Komponenten und machen die Theorie erlebbar. Bei einem Quiz mit Karteikärtchen spielt auch die Visualisierung der Inhalte eine Rolle. Es ist also nicht möglich und auch gar nicht sinnvoll, sich nur auf einen Lerntyp festzulegen.

Auch das Internet bietet eine Vielzahl an Aufgaben und Hilfestellungen, egal für welchen Lerntyp. Dabei ist immer eine Mischung aus verschiedenen Typen zu erkennen. Die Kinder haben die Möglichkeit, spielerisch und motiviert zu lernen und dabei Spaß zu haben. Der Spaßfaktor ist dabei die wichtigste Komponente, denn nur so bleibt Ihr Kind motiviert dabei.

Wir danken Ihnen für Ihr Interesse und Ihr Vertrauen. Als Dankeschön dafür, haben wir eine besondere Überraschung. Wir haben **50 Übungen für Eltern und Kinder, die für mehr Stärke sorgen** exklusiv für Sie. Und diese erhalten Sie vollkommen kostenlos. Das klingt wunderbar? Dann warten Sie nicht lange und holen Sie sich Ihr Gratis-Geschenk.

Hier geht es zu Ihrem Gratis-Geschenk:

https://forms.gle/zVTX5m3TazCrN7Kt5

1. **Öffnen Sie die Kamera-App auf Ihrem Smartphone und richten Sie die Kamera auf den QR-Code.**
2. **Klicken Sie auf den Link, der Ihnen angezeigt wird und schon werden Sie zur Website weitergeleitet.**

Impressum

Herausgeber: Pegoa Global Media GmbH / Am Sandtorkai 27 / 20457 Hamburg
Kontakt: kontakt@pegoamedia.de
Coverbild: Shutterstock

Haftungsausschluss:
Die Nutzung dieses Buches und die Umsetzung der enthaltenen Informationen, Anleitungen und Strategien erfolgt auf eigenes Risiko. Der Autor kann für etwaige Schäden jeglicher Art aus keinem Rechtsgrund eine Haftung übernehmen. Haftungsansprüche gegen den Autor für Schäden materieller oder ideeller Art, die durch die Nutzung oder Nichtnutzung der Informationen bzw. durch die Nutzung fehlerhafter und/oder unvollständiger Informationen verursacht wurden, sind grundsätzlich ausgeschlossen. Rechts- und Schadenersatzansprüche sind daher ausgeschlossen. Dieses Werk wurde sorgfältig erarbeitet und niedergeschrieben. Der Autor übernimmt jedoch keinerlei Gewähr für die Aktualität, Vollständigkeit und Qualität der Informationen. Druckfehler und Falschinformationen können nicht vollständig ausgeschlossen werden. Es kann keine juristische Verantwortung sowie Haftung in irgendeiner Form für fehlerhafte Angaben vom Autor übernommen werden. Die bereitgestellten Analysen, Vorschläge, Ideen, Meinungen, Kommentare und Texte sind ausschließlich zur Information bestimmt und können ein individuelles Beratungsgespräch nicht ersetzen. Alle Informationen dieses Buches entsprechen dem Kenntnisstand zum Zeitpunkt des Verfassens dieses Buches. Eine Haftung für mittelbare und unmittelbare Folgen aus den Informationen dieses Buches ist somit ausgeschlossen.
Informieren Sie sich weitläufig aus unterschiedlichen Quellen und bedenken Sie, dass am Ende nur Sie für die Entscheidungen verantwortlich sind.

Haftung für externe Links:
Unser Angebot enthält Links zu externen Websites Dritter, auf deren Inhalte wir keinen Einfluss haben. Deshalb können wir für diese fremden Inhalte auch keine Gewähr übernehmen. Für die Inhalte der verlinkten Seiten ist stets der jeweilige Anbieter oder Betreiber der Seiten verantwortlich. Die verlinkten Seiten wurden zum Zeitpunkt der Verlinkung auf mögliche Rechtsverstöße überprüft. Rechtswidrige Inhalte waren zum Zeit-punkt der Verlinkung nicht erkennbar.